실패하지 않는 편의점 3가지 열쇠

Mr. Lee
10,000일간의 편의점이야기

실패하지 않는 편의점 3가지 열쇠
Mr. Lee **10,000일간의** 편의점이야기

2021년 7월 15일 1판 1쇄 인쇄
2021년 7월 22일 1판 1쇄 발행

지은이 이준환

편집 한석희 | 디자인 리엔북 이학진 | 그림 신 웅
인쇄 봉덕인쇄 | 제본 강원제책

펴낸이 노소영
펴낸곳 도서출판 마지원 | 등록 제559-2016-000004
주소 서울 강서구 마곡중앙5로1길 20 | 전화 031-855-7995
블로그 http://blog.naver.com/wolsongbook
전자우편 editgarden@naver.com

ISBN 979-11-88127-88-7 13320

실패하지 않는
편의점 3가지 열쇠 ⚷

Mr. Lee
10,000 일간의
편의점
이야기

> 편의점 이렇게 운영하라

편의점은 우리 가족의 냉장고이다

우리 집 냉장고는 언제 열어도 바로 먹을 수 있는 음료수, 아이스크림과 과일 등 간식거리가 있어야 한다. 또한 반찬과 간단한 식사를 만들 수 있는 재료들이 준비되어 있어야 한다.

문을 열었을 때 원하는 식재료나 식품이 없을 경우 오는 실망과 허탈함을 갖지 않기 위함이다.

냉장고는 인간의 본능을 담는 과학의 산물이다. 그런 점에서 냉장고와 편의점은 동일하다는 것이 나의 지론이다.

편의점은 Convenience Store로 불린다. 편리하게 언제든지 이용할 수 있는 '편안한' 가게여야 하는 것이다.

언제, 무엇이든, 원하는 시간에 상품을 구매하여 빠르게 지불하고 나올 수 있는 가게.

항상 그 자리에서 24시간 불을 밝히고 있는 커다란(big) 냉장고인 것이다. 물론 지금은 24시간 영업을 하지 않는 곳도 많다.

90년대 초, 국내 최초 편의점인 세븐일레븐에 입사한 이후 30여 년이 지났다. 그리고 지금까지 편의점 관련 업무에 종사하고 있다. 업계에서 최상위급의 위치에 있었다 할 수 없고, 최장기 근무경력을 지녔다고 할 수도 없다. 그럼에도 경험과 지식을 나누기 위해 결심한 이유는 편의점 창업을 준비하는 분들, 직원으로 첫발을 내디딜 분들, 본사 관리자로서 보다 나은 능력을 갖추고자 하는 간부들, 편의점과의 거래를 계획하는 분들에게 조금이나마 시행착오를 줄일 수 있는 방법을 공유하고 싶은 마음에서이다.

미약하지만 필자는 열거한 대부분의 위치에서 관련 업무를 경험하며 노하우를 쌓았다. 지속적인 연구와 경험을 바탕으로 한 결과물이 성과를 내고 있다. 이 모든 것들이 그분들에게 작으나마 도움을 줄 수 있지 않을까 생각하게 되었다.

나의 경험담을 쉽고 겸손하게 나누고 싶다.

편의점의 역사, 매출, 시장 동향, 향후 전개 방향 등을 알고자 하는 분들께는 서점, 인터넷, 협회나 단체에서 작성된 전문 지식을 다룬 책을 추천하고 싶다. 필자보다 경험 많고 편의점을 잘 아는 분들이 많다.

전문가가 보기에는 부족한 부분이 많겠지만 장사의 근본적인 핵심은 크게 다르지 않다는 것이 개인적인 생각이다. 비록 과거의 동네 구멍

가게가 현재의 정형화된 편의점으로 탈바꿈했지만(POS 도입과 속도감이 월등한 선진 유통문화의 적용 등) 그 안에서 고객을 맞이하고 상품을 판매하는 모습은 크게 바뀌지 않았다. 철저한 교육으로 선진유통을 배워 점포를 운영하는 것이나, 노점상에서 물건을 파는 것이나 기본은 같다는 생각이다.

다람쥐 쳇바퀴와 같은 일상에서 불현듯 깨달은 인생의 파열음과 같은 작은 희망을 발견한 것이 있었다. 필자의 경험과 지식으로 감히 '말씀드리고 싶다'는 용기를 내게 된 연유다.

편안하고 가벼운 마음으로 읽어주셨으면 한다. 내가 쓴 글이 혹여 어떤 분들께는 폐가 되지 않을까 하는 걱정이 무거운 짐으로 남아 있는 것도 사실이다. 기술된 내용은 특정 편의점에 관한 이야기가 아님을 밝혀둔다.

미흡하지만 너그러운 마음으로 읽어 주시기를 부탁드린다.

"시련은 있어도 실패는 없다.

만약 실패처럼 보였을지라도…,

그것은 단지 좋은 성공의 후일담이 될 뿐이다."

Prologue

점주의 마인드
_ 계약부터 운영까지

014 • 철저한 장사꾼이 되라

019 • 고객은 어디에서 오는가?

023 • 단골 만들기

027 • 가맹계약의 조건

031 • 계약 후 점포인수

035 • 먼저 손으로 세어봐라

040 • 발주하는 방법

044 • 입으로 떠들어라

048 • 채용은 철저하게

052 • 손님 뭐 찾으세요? 이건 어떠세요?

057 • 적을 알아야 한다

062 • 손님 더 필요한 거 없으세요?

067 • 미숙아! 안녕!

072 • 편의점은 역시 "FOOD"

077 • 로스(LOSS) 신경 안 쓸 수가 없네

081 • 죽어가는 상품 먼저 처리하라

084 ● 업무 할당

087 ● 돈 좀 빌려주세요

091 ● 발주를 나눠보자

096 ● 노트를 활용하라

101 ● 고객의 작은 움직임도 놓치지 마라

104 ● 비 오는 날

107 ● 여직원에게 고탄력 스타킹을

110 ● 한국 사람들이 싫어하는 것

114 ● 화장실이 어디죠?

118 ● 성과를 낼 수 있는 곳에 힘을 쏟아라

121 ● 포인트와 할인을 설명하라

124 ● 보고 싶은 최진실

127 ● 24시간 연계 진열

130 ● 수시로 변화를 주자

133 ● 맛보게 하자

136 ● 고객이 발길을 끊을 때

139 ● 고객의 관심은 '상품'이다

142 ● 더러워서 마시기 싫어

145 ● 발주가 제일 어렵다

148 ● 가장 기억에 남는, 그날들

본사의 마인드
_ Support와 정책

154 • 편의점은 Human Bussiness이다

158 • 콘돔 사건

164 • 다국적 기업

168 • 발주패턴을 파악하고 도와줘라

173 • 주차는 점포에서 먼 곳에 하고, 걸어가라

176 • FC가 천재는 아니다

180 • 점장은 다양한 경험을 쌓고 교육을 시켜야 한다

184 • 편의점은 백화점도 할인점도 아니다

187 • 인구구조의 변화(고령화시대)

191 • 1인 가구의 증가

194 • 점주 혼자서는 안된다(잘하든, 못하든)

199 • 각종 서비스를 활성화하자

202 • GP(%)도 중요하지만, GP(원)도 중요하다

206 • 우리가 만든 상품은 팔아줄 의무가 있다

209 • 세상은 변하고 있다

213 • 궁금한 게 많으니, 자세히 설명하라

218 • 다 바꿔 나가라

223 • 언택트 시대

226 • 익숙함을 버려라

229 • 매력 있는 점포

234 • 현장의 반란

238 • 특수 도시락을 만들자!

240 • 창의력과 상상력

243 • 고객이 판단한다

열쇠
셋

납품업자의 마인드
_ 조건과 개발

250 • 납품업자의 편의점 거래조건

253 • 납품 못 할 상품은 없다

256 • 다시는 거래 안 해

260 • 상품을 키워나가자

263 • 용어정리

Epilogue

열쇠

하나

점주의 마인드
계약부터 운영까지

> 상술의 정석
철저한 장사꾼이 되라

과거에 무엇을 했는지는 이제부터 중요하지 않다.

다 잊어라.

더 이상 대기업의 임원도, 잘나가던 은행 간부도 아니다. 남편 덕에 사모님 소리를 듣던 부인도 아니다. 오늘부터 작은 점포의 주인이고 장사꾼일 뿐이다. 대걸레로 바닥을 직접 닦아야 하고 무릎 꿇고 진열대도 닦아야 한다. 술 취한 손님의 반말도 들어야 하며, 돈을 집어던지는 고객과도 마주쳐야 한다.

나는 점장과 FC(본사 점포 관리자, Field Counselor/Consultant)로 근무할 때, 상황이 어렵고 일이 잘 풀리지 않으면 남대문 시장을 찾았다.

손수레에 올라 손뼉을 치며 '골라 골라!'를 외치는 그들을 보며 활력을 되찾곤 했다. 정말 활기찬 장사꾼들이다.

매너리즘에 빠질 때에는 남대문 시장을 방문해 활력을 찾는 것도 좋다.

이제 시장의 손수레는 20평 내외의 깔끔한 점포에 현대식 집기로 단장되어 있다.

무엇이 다른가? 우리는 어느 기업의 임원이었고 간부였고 사모님 이었기에 손뼉 치며 장사하면 안 되는 것인가?

'체면이 있지, 점원이 하는 일을 어찌…'

'나는 계산하고 돈 관리만 잘하면 되지, 기계를 들고 다니면서 발주 하고, 사장 노릇만 제대로 하면 되지, 뭐가 더 필요하단 말인가? 원래 난 사장이었으니까… 손님은 가만히 있어도 필요하면 들어오는 거지, 내가 어디서 데리고 올 수도 없지 않은가? 알아서 찾아오겠지…' 하 는 준비되지 않은 생각으로 시작하고자 한다면 당장 다른 업종을 알 아보시라!

반드시 편의점을 운영할 분에게만 해당되는 문제는 아닐 것이다. 내 스스로 최선을 다하고 철저하게 관리하지 않으면 곧 망하고 말 것 이다.

혹자는 편의점이 보증금 계약제도이니 계약기간 동안 잘만 하면 한 푼도 안 들이고 장사해서 다달이 정산금 받고, 계약기간 종료되면 보 증금까지 전부 돌려받으니 손해 볼 일이 없다 생각할 것이다.

"뭐 아주 특별한 기술도 필요 없잖아? 계산만 해주면 되고 마케팅도 본사가 다해주고, 인테리어, 오픈 준비까지. 비싼 POS와 장비도 공짜

로 넣어주고(프랜차이즈의 장점 중 하나)…"

큰 오산이다. 쉽게 생각하고 편의점을 시작해 보증금과 집까지 잃고 빚마저 지는 점주들을 많이 봐왔다.

아무리 작은 점포라도 관리하지 않으면 모든 것을 잃고 강제 계약 해지를 당하기도 한다. 그리고 본사와 등지고 힘 빼며 소송까지 할 수 도 있다.

국내 프랜차이즈 숫자 중 1위가 편의점이다. 누구나 쉽게 뛰어들 수 있고, 소자본만 있으면 브랜드를 내세운 점포를 가질 수 있다. 인력과 기술이 있어야 하는 식당보다 쉬우리라 생각할 수도 있다. 사장이라는 이유로 유니폼도 입지 않고 계산대에만 있을 생각이라면 하지 마시라고 말씀 드리고 싶다.

경쟁의 시대이다. 블럭 건너 편의점이다. 남대문 시장 리어카 위에서 손뼉치며 크게 외칠 자신이 없다면 편의점 시장에 뛰어들지 마시라. 들어오고 나가는 고객에게 친절한 인사를 할 수 없다면 시작하지 않는 것이 좋다.

편의점은 20~30대가 주 고객층을 이룬다.

젊은 고객층이 좋아하겠는가? '라테는 말이야.'를 찾는 꼰대로 인식될 것이다.

주인이 정성껏 관리하는 점포임을 느끼기는 오랜 시간이 걸리지않는다. 매출 높던 점포를 죽이는 것 역시 오래 걸리지 않는다. 인수한 점주의 사소한 실수에도 고객들은 등을 돌릴 수 있다.

점포는 많다. 당신 점포가 아니라도 지천으로 널려 있다.

정신 차리고 관리해야 한다.

이제 외칠 준비가 되셨나요?

17

"자~ 골라 골라…."

큰 소리로 외쳐보세요!

누구든지 성심과 최선을 다한다면 기적같은 일이 일어날 것이다.

> 상술의 정석
고객은 어디에서 오는가?

기존 점포를 인수해도 신규점을 오픈해도, 변하지 않는 진리는 '우리의 고객이 어디에서 오는가?'이다.

'고객이 어디에서 오는가!'를 철저히 분석해야 고객의 니즈를 충족할 수 있다. 어렵게 들어온 손님을 헛되이 돌려보내지 않을 수 있다. 물론 아파트 단지 입구의 상가점포 대부분은 주고객이 아파트 주민일 것이다. 그렇더라도 상가 방문 고객, 아파트 행사, 주변 학교, 상가 주인 등 따지고 연구하며 신중하게 분석할 필요가 있다.

간략하게나마 고객이 어디서 오는가를 조사해 보자.

실제 있었던 점포의 상황이다. 이 점포는 바로 뒤로는 작은 호텔, 왼쪽으로는 다세대 주택이 형성되어 있다. 우측으로 아파트 단지가 있고 아파트 옆으로 작은 오피스빌딩이 있다. 다세대 주택 주위와 오피스빌딩 1층에는 식당들이 영업 중이다.

다세대 주택 주변에 경쟁 편의점이 있고 사무실가 오피스빌딩에도

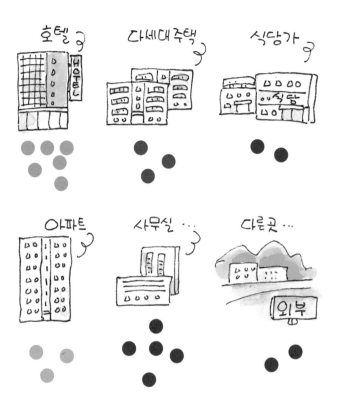

경쟁 편의점이 있다. 이 경쟁에서 이기고 살아남아야 했다. 이 곳에서 일등을 하면 점주도, 본사도 좋은 것이다.

　소소한 이벤트를 통해 고객의 시선을 잡는 방법을 생각해 볼 수도 있는 일이다. 아파트, 주택, 사무실 등의 그림 위에 고객에게 스티커를 붙이게 하는 방법도 있을 것이다. 본사와의 협조를 통해 호응을 해 준 고객에게 작은 선물을 나눠주면 금상첨화일 것이다.

스티커를 한 달 정도 부착하고 나면 대강의 고객 패턴이 나온다. 많이 오는 고객들이 주로 구매한 물품이 무엇인지, 무엇을 찾고 왜 그냥 나갔는지를 알아야 한다. 그 패턴에 맞게 진열하고 구색을 갖추며 재고를 가지고 가야 한다.

이 점포의 가장 큰 장점은 점포 앞 주차가 가능하다는 것이다. 5분이 아쉬운 출근길에 쉽게 주차할 수 있다는 것은 주차가 불편한 점포에 비해 시간대 매출이 높을 수밖에 없다.

오피스가 사무실 직원들은 근무 중에는 굳이 이 점포를 찾지 않을 것이다. 그래서 출퇴근, 점심시간에 이 점포에서 하루에 필요한 걸 모두 사게 만들어야 한다.

오전에는 절대 김밥이 없어서는 안 된다(결품 방지). 폐기품(유통기한이 지난 상품)이 발생하더라도 공격적인 발주가 바람직하다.

폐기 문제의 부담에 짓눌린 나머지 발주 수량을 부족하게 하면 그 여파가 몇 달 후에 나타난다. 아침 고객이 떨어지는 것이다. 고객들이 사무실 출근 후 건물 1층에 있는, 김밥이 항시 구비된 다른 편의점으로 가는 것이다.

이 점포는 작지만 호텔이 바로 옆에 있기 때문에 호텔 이용 고객은 거의 독점이다. 그러므로 절대 그들이 찾는 상품을 결품나게 해서는 안 된다. 없다고 생각되면 관광길에 사가지고 올 것이다. 이 점포에 올 이유가 없어지는 것이다. 가이드와 친하게 지내며(선물도 주고) 이 점포에서 단체쇼핑을 하게 만드는 것도 한 방법이다(관광용품: 김, 열쇠고리 등).

분석이야말로 성공의 열쇠를 쥐고 가느냐 마느냐를 결정하는 것이다.

> 상술의 정석
단골 만들기

고객은 작은 것에 감동한다.

출근하기 위해 부지런히 지하철역을 향해 걷다 보면 편의점 2개가 보인다.

한 곳은 부부가 운영하는 규모가 작은 점포이고 다른 곳은 30대 남자가 운영하는 큰 규모의 점포(밤 10시 이후부터 다음날 오전 10시까지는 근무하는 것 같음)다.

큰 점포는 출근길에 항상 점주와 어머니로 보이는 여성분이 근무하고 있었다. 여성은 유니폼도 입지 않고 피곤한 얼굴로 의자에 앉아 손님들에게 인사조차 하지 않았다.

반대편의 작은 점포는 항상 여자 점주가 점포 앞에 나와 청소를 하고 있었다. 그리고 늘 웃는 얼굴로 손님들을 친절하고 반갑게 맞이했다.

두 점포의 차이는 확연히 드러난다. 점포의 크기가 달라 취급 상품의 종류나 품목은 다를 수 있지만, 사람들은 당연히 친절하고 깨끗한 점포를 선호한다.

지극히 상식적인 이야기지만 상식을 지키지 않는 점포가 많은 것이 사실이다.

어느 날 출근길에 큰 점포에 들렀다. 담배와 400원짜리 음료수를 하나 사고 만 원짜리를 내자, 아침부터 성가시게 만 원짜리를 내냐는 투로 인상을 쓰며 잔돈을 바닥에 던지다시피 했다. 떨어진 동전을 주우며 불쾌감을 감출 수 없었다.

이후로 그 점포에 가지 않았다. 필요한 물건이 맞은편 작은 점포에 없더라도 참거나 다른 방법으로 해결했다.

일련의 불편한 경험을 한 후 더욱 신임 점주 교육 시 잔돈은 반드시 고객의 손 위에 올려주라 당부한다(얼마인지 하나하나 세면서).

반면, 작은 점포의 부부는 참으로 열심이었다. 동네 분들에게 인사는 당연히 잘했고, 부지런히 쓸고 정리하며 상품을 자식과 같이

소중하게 관리하는 것 같았다. 누가 보더라도 같은 느낌이었을 것이다.

편의점이라고 해서 망하지 말라는 법은 없다.

피곤함에 절어서 불편한 얼굴로 고객을 맞는 점포에는 누구도 가기 싫어한다.

출근길에 가다 보면 야간근무자가 계속해서 일을 하고 있을 때가 많다. 밤을 새우니 얼마나 피곤하겠는가? 하지만 고객들은 밤에 잠을 자고 출근하거나 등교하는 사람들이다. 집을 나와 처음 맞이하는 얼굴일지도 모른다. 피곤한 얼굴로 더러운 유니폼을 입고 입에서는 냄새가 나고, 머리는 푸석푸석하다면 어느 누가 좋아하겠는가? 더구나 나는 하루를 시작하기 위해 출근하는 사람이다. 하루를 정말 즐겁게 시작하고 싶고, 기분 좋게 일하고 싶은 사람일 뿐이다. 이제 출근하면 하루 종일 일을 해야 하는데, 아침부터 기분을 망치고 싶지 않은 것이다. 그래서 '그 큰 점포에는 들어가기가 싫다. 온종일 좋은 기운을 받고 이어나가고 싶다.'라는 결론을 내렸다.

1년 정도 되었을 때 결국 큰 점포는 없어지고 핸드폰 가게가 들어섰다. 내가 친절하게 잘하면 고객은 단골이 된다. 단골이 되면 자주 오게 된다. 자주 온다면 아는 척을 해야 한다. 상대가 불편해 하지 않을 정도의 가벼운 대화를 시도한다. 절대 불편함을 주어선 안 된다(싫어하는 고객도 있다).

25

"출근하시나 봐요, 즐거운 하루 되세요."

"퇴근하시나 봐요. 맥주 한잔 가볍게 하고 푹 쉬세요."

이제 더 친해지면 무엇을 하는 사람인지, 가족은 어떤지, 집은 어딘지를 알게 된다. 그럼 그때는 파라솔 의자에 앉아 집에 들어가기 전 쉬어가는 정자 역할을 하게 되는 것이다. 이쯤 되면, 내가 점주라면 따뜻한 커피 한잔이라도 대접할 것이다.

단골의 장점

1. 살 물건이 없더라도 지나가다 눈을 마주치게 되면 인사하고 들어와 음료수라도 하나 먹고 간다.
2. 점포에 들어와 사야 할 상품이 혹여 없더라도, 미안해서 절대 그냥 안 나간다. 뭐라도 하나 사 간다.
3. 어렵지 않은 부탁을 한다. 그 부탁은 항상 들어준다(택배 보관, 아는 분 잠시 대기, 아이 잠깐 맡기기).
4. 가격에 민감하게 반응하지 않고, 대형할인점 안 가고 웬만하면 다 우리 점포에서 구매한다(이제 배달도 가능하니 얼마나 좋은가).
5. 시골에서 올라온 맛있는 고구마나 옥수수도 나눠 먹는다.
6. 이제 그 고객은 평생 내 고객이다. 가격도 원하면 다 맞춰서 준다.

단골 만드는 방법과 지역에 밀착하는 방법은 뒤에 다시 논하기로 한다.

> 점포 분석과 운영의 묘

가맹계약의 조건

각 사마다 조건이 다르다. 점포별로 지원해 주는 시스템도 차이가 있기 때문에 여기에서는 포괄적인 이야기만 하는 편이 좋을듯하다.

점포는 임차료를 누가 지불하느냐에 따라 크게 A와 B로 나눌 수 있다(편의상 A, B로 구분).

A의 경우는 가맹점주, B는 본사가 임차료를 지불하는 방식이다.

A는 당연히 배분율이 높고, B의 경우는 배분율이 낮은 구조일 수밖에 없다. 아래 정리된 표를 보면 대강의 조건은 알 수 있으니 참조해 주시길 바란다.

[A의 경우]   단위 : 만원

A 점포		
일 매출	150	부가세 포함 하루 매출
월 총매출	4,575	월 총매출(일 매출*30.5)
월 순매출	4,159	월 순매출(총매출/1.1)

GP(%)	30%	담배 판매 시 평균 순이익률
월 순이익	1,248	
배분율	65%	
정산금	811	월 1회 정산됨

* 임차 시 점포 보증금, 권리금 등을 점주가 직접 투자하는 경우

정산금 수령 후 지출해야 할 부분	
월세	임대 비용
인건비 신용카드 수수료 전기료 세무대행 수수료 점포시설 수선비 폐기 비용	아르바이트 비용 등

[B의 경우]

단위 : 만원

B 점포		
일 매출	150	부가세 포함 하루 매출
월 총매출	4,575	월 총매출(일 매출*30.5)
월 순매출	4,159	월 순매출(총매출/1.1)
GP(%)	30%	담배 판매 시 평균 순이익률
월 순이익	1,248	
배분율	45%	45%~48%
정산금	561	월 1회 정산됨

* 임차 시 점포 보증금, 권리금 등 본사가 직접 투자

* 조건들은 편의점마다 상이할 수 있다.

* 담배 매출구성비가 낮을 경우 GP(%)는 상승한다.

정산금 수령 후 지출해야 할 부분	
인건비	아르바이트 비용 등
신용카드 수수료	
전기료	
세무대행 수수료	계약조건에 따라 달라짐
점포시설 수선비	
폐기 비용 지원	

A의 경우 총 811만 원의 정산금 중 지출 부분을 뺀 나머지가 점주의 수익이 된다.

B의 경우 총 561만 원에서 지출 부분 공제 후 점주의 수익이 된다.

투자금과 매출액에 따라 어느 정도의 일정한 금액이 분배되도록 룰이 정해져 있기 때문에, 상권을 잘 분석하고 인건비, 월세 등 공제 금액을 잘 계획해서 내 수익을 꼼꼼히 따져보고 계약해야 한다. 계약 시 서류는 꼼꼼히 확인하고 모호한 표현이나 이해하기 힘든 부분은 반드시 짚고 넘어가야 한다.

고정비용	임차비, 관리비, 유지보수비, 전산사용료 등
조절가능비용	인건비, 폐기, 재고로스, 수도광열비, 통신비, 소모품비

혹자는 '돈도 못 벌면서 일의 노예가 된다.' 또 다른 이들은 '돈을 좀 벌었다.'라고 말한다.

점점 경쟁이 치열해지고 점포 수가 포화상태인 현재로서는 현명한 점포 운영만이 점주의 수익을 극대화할 수 있다.

절대 포기하지 말고 파이팅 하시길 바란다.

편의점에 따라 지원책의 종류, 조건이 다르다. 늦더라도 꼼꼼히 비교해야 한다. 반드시 내 예상 수익을 정확하게 파악하고 시작해야 한다.

> 점포 분석과 운영의 묘

계약 후 점포인수

기존 점포를 인수하고 몇 개월 후 점주와 차를 한잔 할 수 있었다.

점포를 시작한 지 얼마 지나지 않아 본사와의 마찰로 화가 나 있었다.

'앞으로 계약기간을 어떻게 버텨나갈 것인가?'

발주를 잘못하여 결품이 생기고 POS 작동이 서툴러 행사를 놓치기
도 했다. 고객의 질문에 대답을 잘하지 못해 당황하고, POS를 늦게 찍
어 계산이 빠르지 못했다.

이런 상황은 처음 시작한 점포에서는 어쩔 수 없이 발생한다. 무턱
대고 지적할 일은 아니다.

'당신도 처음 할 때는 그랬어. 더 못했다고.'

시간이 지나면 해결된다. 닦달하면 더 늦어질 수도 있다. 전쟁 같은
하루하루의 경험치가 쌓이고 녹아들어 서너 달 지나면 상품이 눈에
들어오기 시작한다. 상품의 유통기한, 어느 상품이 결품이며 어디 있
는지, 무엇이 잘나가는지.

하지만 시간이 지나도 간혹 놓칠 경우가 있다.

과자, 라면 외에도 유통기한이 짧아 열심히 체크한 일배식품(김밥, 샌드위치, 우유 등)까지 기한이 지난 상품이 나왔다. 과자에도 유통기한이 짧은 것이 있다는 것을 간과했다. 철 지난 계절상품(선그라스, 챕스틱 등 한 계절에만 팔고 중지하는 상품)도 나온다.

그런데 자세히 보니 이것은 내가 인수할 시점에 이미 지난 것도 있었고, 인수 후 며칠 만에 지난 것도 있었다. 계절상품은 반품해야 할 물품인데 인수 전 근무한 사람이(직영·가맹) 놓치고 처리하지 못한 것이었다. 물론 그 앞사람은 재고로 인정받았지만 나는 재고로 인정받을 수 없다. 로스(loss)가 되는 것이다. 내가 책임져야 할 손실이 되어버리는 것이다.

재고조사를 했음에도 불구하고, 이런 상품을 거르지 못하는 시스템이라니….

점주가 FC를 통해 본사에 정중히 건의했다. 이것은 처리를 해달라.

당연하다. 상식적인 이야기다. 상식이 통하는 편의점을 하고 싶다. 하지만 '알았다'는 대답으로만 돌아왔다.

인사이동으로 FC가 바뀌었다. 바뀐 FC도 책임회피를 한다.

인수 당시의 담당 FC에게 이야기하란다. 그러려고 하니 그 FC는 퇴사했다는 웃지 못할 상황이다.

전부 회피하기에 급급했다. 간혹 의사 결정권이 있는 책임자를 만나면 다른 상품으로 교환해 주기도 하지만 만나기가 녹녹치 않다.

'본사와의 관계를 위해, 얼마 안 되지 않으니…', 이런 생각을 하다 보면 사정을 말하기가 두렵기도 하다.

'아직도 할 날이 많은데, 참고 지나가야지, 얼마 안 되잖아…'

이런 점주들이 대부분일 것이다.

하지만 작은 로스(loss)가 쌓여 큰 로스가 된다. 모르는 사이 눈덩이처럼 불어날 수 있다.

점포 인수 시(기존 점포 또는 신규 점포) 반드시 유통기한이 임박하거나 지난 상품, 판매할 수 없는 계절상품은 인수하면 안 된다.

물론, 본사에서 인수 시점에서 이런 부분을 처리해 줄 것이다(정상적인 본부의 도리이다).

인수 시점에 재고가 확정되고 사인(sign)하고 나면, 그 이후부터는 모든 책임이 나의 몫이 되는 것이다.

사인(sign)이란 것은 내가 확인하고 인정했다는 인증서다. 나중에 문제 삼을 수 없는 것이다. 정확히 해야 나중에 문제가 없다.

실력 좋은 FC를 만나서 이런저런 것들을 정확히 체크해 주고, 초보자에게 자세히 설명해 준다면 그보다 더 좋을 수 없지만, 그렇지 못한 경우도 분명 있다.

그러나 이것은 내 장사다.

본사와 프랜차이즈 계약을 하고 운영하지만 인수 절차에 따른 확인 과정과 오류의 발견 등은 본인이 직접 하는 것이다. 본사가 해 주는 것이 아니다.

모든 책임은 본인이 지는 것이다.

인수 시 철저하게(상품, 장비, 소모품 등) 체크하여 기분 좋은 출발을 하자.

> 발주와 재고관리의 정석

먼저 손으로 세어봐라

단품 관리는 어려운 용어이다.

이해하기도 어렵다.

오랜 경험에서 나올 수 있다.

이론만으로 이야기할 수 없다. 단품 관리 경험이 없는 FC는 점포를
지도하면 안 된다.

점포 업무 중 어려운 것 중 하나가 상품의 '주문'과 '발주'이다.

상품이 팔리고 나면 다시 주문하여 상품을 채워놓아야 한다. 또한
사전에 미리 예측해 재고가 있음에도 주문을 더 해야 하는 상품이 있
다. 예를 들어 일요일 등산객이 많은 점포는 캔맥주가 평일보다 많
이 팔린다는 가설을 세워 재고를 확보해야 한다. 예측 발주인 셈이다.

필자는 본사가 위치한 혜화동 1층 본점에서(26호점) 점장을 했다(정
말 피곤). 처음 주문 시 재고가 몇 개 있으며, 몇 개가 팔렸는지를 먼저
파악한 후 발주를 한다. 푸드를 비롯해 워크인 음료, 주류, 고가품, 담

35

배 등 거의 전 상품을 근무자 별로 직접 세고 기록했다(전 점포 중 유일하게).

초기에는 많은 시간이 필요하지만 나중에는 요령이 생겨 빠르게 할 수 있다. 한 줄에 진열이 꽉 차면 총 몇 개이고, 그 뒤에 상품의 재고는 박스에 몇 개, 합이 몇 개….

어제 20개에서 5개 팔렸으니 재고는 15개, 하루에 평균 5개 팔리고 매일 들어오니 오늘은 발주 안 해도 된다.

이것이 결론이다.

숫자를 빨리 파악하기 위한 정리는 기본이다. 흐트러져 있거나 정리가 안 되면 셀 수 없다. 진열대 정리가 잘 되고 한눈에 재고가 보이는 것은 당연한 일이다.

처음에는 푸드 종류만 파악하던 것을(푸드는 유효기간이 짧아 재고가 많이 없어 세어보기 편하다) 점점 대부분의 품목으로 확대하자 직원들이 투덜대기 시작했다.

컴퓨터에 다 나오는데 꼭 세어야 하냐는 것이었다.

나도 같은 생각이다. 그 시간에 다른 일도 하고 좀 쉬기도 하고….

본점이라 대표를 포함한 간부들은 수시로 방문하여 제품, 재고 관련 질문을 했다.

어느 날 대표가 점심시간에 방문했다. 통역과 함께 나를 불러 이것저것 물었다. 기회다 싶었다.

"대표님! 우리는 거의 전 품목을 세고 있습니다. 너무 많은 품목이고 컴퓨터에 다 나옵니다. 좀 줄여도 되겠습니까?"

대표의 설명은 다음과 같았다.

"컴퓨터에서 재고를 보고 판매 현황을 파악하여 발주할 수 있습니다. 하지만, 화면으로 숫자를 보며 한눈에 알아본다는 것은 고수도 쉽지 않습니다. 매일 직접 세면서 재고를 파악하고, 발주하며 판매 동향을 파악하는 연습 기간을 거쳐야 합니다."

직접 몸으로 체험하라는 것이다.

"그래야 그 상품의 판매 동향을 알 수 있습니다. 어제 많이 팔린 이유는 무엇인가, 고객은 어떤 분이었는가? 요일과 날씨는? 이러한 행위가 반복되고 머릿속에 상품의 판매, 재고가 들어오기 시작하면 그때부터는 컴퓨터를 보면서 관리해도 됩니다."

나는 '알겠습니다.'라고 대답은 했지만, 실은 잘 몰랐다. 3개월이 지나고 나서야 상품의 흐름이 보이기 시작했다.

그동안 쓸데없이 과잉 재고를 가지고 가고 있던 워크인의 음료, 주류가 보였다. 비어 있으면 불안하니 주문하는 행위를 반복했던 것이 박스로 층을 이룬 것이었다.

'왜 5개밖에 안 팔리는데 재고가 2박스나 남았지? 비가 오는 날에는

삼각김밥이 잘나가네. 오전에는 샌드위치가 더 잘 팔리네….'

물론 지금은 자동 발주 시스템에, 결품 시간, 시간대별 판매 등 엄청
난 정보가 보인다. 오히려 너무 많은 정보의 홍수가 상품관리에 맹점
이 있는 건 아닐까?

"Touch count!"

삼각김밥	1.5			
상품명	입고수량	판매	폐기	발주
참치김치				
전주비빔밥				
불고기				

"중요 품목은 지금이라도 손으로 세어 보세요. 시간은 충분합니다. 모든 것은 훈련에서 시작합니다. 앉아서 핸드폰 하지 마시고요. 그럼 재고관리도 되고, 매출도 오르고 손실(loss)도 줄어듭니다."

> 발주와 재고관리의 정석

발주하는 방법

상품이 있어야 매출이 발생한다.

그것도 잘나가는 상품일수록 절대로 결품이 발생해선 안 된다.

학교 다닐 때 배운 '파레토 법칙'이 편의점에도 적용된다.

매출금액의 80%는 20%의 상품이 좌지우지한다. 그래서 베스트 아이템을 체크하고, 중점 상품도 지정해 놓고, 필수 상품도 지정해 두는 것이다. 어떠한 경우에라도 반드시 그 20%는 점포에 있어야만 한다. 그렇다면 20% 상품의 재고는 어떻게 관리해 나가야 할까?

'재고를 충분히 가지고 가는 게 좋다.'는 생각이 먼저 들겠지만, 무조건 많은 것이 좋은 것은 아니다.

작은 공간에 무작정 상품만 잔뜩 쌓아놓고 지낼 수도 없을뿐더러 재고가 많으면 관리도 안 되고 손실(loss)도 발생할 우려가 크기 때문이다.

과유불급. 적정한 재고를 가지고 가야 한다.

우선 처음 계약하고 첫 발을 내딛는 점주(경영주)라면, 카테고리별(상품군별) 베스트 아이템 정보부터 받아서 내 점포에 있는지, 있다면 진열 위치는 어떤지, 내 점포에서 잘나가는지부터 확인하는 것이 좋다.

만약 잘 안 나간다면 이유를 고민할 필요가 있다.

전체적으로 베스트 아이템임에도 불구하고 우리 점포에서만 안 나간다면 반드시 원인을 찾아야 한다(진열 위치, 발주 방법, 재고 관계 등).

전체 베스트 아이템에 속하지 않지만, 우리 점포에서는 잘 팔리는 상품인 경우도 분명히 있다.

좁은 공간에 가능한 한 다채로운 상품을 구비하기 위해서는 잘 팔리는 상품을 신상품과 적절하게 조합하여 진열해야 한다.

유통기한이 짧은 상품(food, 유제품, 베이커리 등)은 발주하는 데 상당한 어려움이 따르지만 몇 가지 제안을 하면 다음과 같다.

유통기한이 짧은 상품

1. 베스트 상품은 고객이 언제 찾아도 있어야 한다(약간의 폐기 감수).
2. 맛에 따른 판매량 검토(오전, 오후, 여성, 남성, 주 중, 주말 등)
3. 상품이 팔리면 수시로 상품을 진열해서 먹음직스러운 진열을 유도한다.
4. 먹는 상품의 진열이기 때문에 진열대는 항상 청결을 유지한다.
5. 폐기가 임박한 상품은 미리 할인해 판매한다.
6. 총량 발주보다는 단품별 특성을 파악하고 발주한다.
7. 날씨에 민감한 상품을 충분히 참작한다.

유통기한이 긴 상품(과자, 면류, 음료, 주류 등)

주문량 = 예상 수량+최소 배송량-현재 재고량

A 상품 주문 시점에서 다음 배송까지 예상되는 판매량에 진열 최소량이 안 될 경우 최소량을 더하고(+), 현재 재고를 빼주면(-) 일반적인 발주 수량이 나온다.
자동발주시스템 공식이 이 정도 아닐까 생각된다.

생활잡화

편의점에서 가장 매출이 낮은 상품군이 생활잡화이다.

쉽게 발주하려면 구색을 갖추는 정도로 생각하면 된다.

특별한 점포의 특성상 재고를 가지고 갈 상품이 아니라면 진열될 정도만 발주하는 것이 정석이다.

상기 발주의 방법은 누구나 이론적으로 알 수 있는 방법임을 알려드린다. 경력이 쌓이면 눈 감고도 할 수 있다.

절대, 일률적으로 같은 수량을 매일 발주하거나 점주가 좋아하는 상품 위주로 발주하는 행위는 위험천만한 행동이다.

> 점포 분석과 운영의 묘

입으로 떠들어라

프랜차이즈 춘추전국시대이다.

어제 있던 가게가 오늘 가면 없어지기도 한다. 없어지고 생기기를 반복한다.

이렇게 프랜차이즈가 많은 나라가 있을까 싶다.

모든 프랜차이즈 점포는 다양한 방법으로 판촉을 한다.

가장 쉬운 건 고지물이다. 점포 유리창부터 시작하여 점포 내에, 각종 장비에(식당의 경우 식탁 위에) 여러 가지 크기의 고지물이 부착되어 있다. 하지만 일부 업체의 경우 너무 많은 고지물로 인해 도대체 무엇을 말하는지 알 수 없는 경우도 많다. 또한 나 같은 남자는 무엇을 하는지 별로 관심도 없고, 복잡한 것을 싫어한다. 사고 보니 할인을 하고, 1+1이고, 2+1이고 무언가를 끼워주고….

점포에는 상품에 관한 많은 고지물들이 부착되어 있다. 날짜가 지난 것인지, 행사를 하고 있는 것인지, 근무자들도 대부분 숙지하기란 쉽지 않다.

'눈으로 보는 것보다 귀로 듣는 것의 효과가 월등하다.'

이것은 이미 증명된 사실이다.

우리 점포에서 잘 판매되는 상품, 단골손님이 늘 사는 상품, 이익률이 높아 많이 팔고 싶은 상품 등에 '행사'가 붙었다면 전 근무자가 반드시 숙지하고 고객에게 홍보해야 한다.

"안녕하세요. 지난번 구매하신 상품 오늘부터 1+1 행사입니다. 2+1 행사입니다. 행사 때 조금 더 사두시는 것은 어떠세요?"

예기치 않은 정보에 호응하지 않을 단골 고객이 있을까?

출입문에 부착된 고지물을 보고 들어가는 고객은 거의 없다(물론 업태마다 약간의 차이는 있을 수 있겠지만).

45

근무자가 숙지하고 홍보하는 효과가 크다.

"고객님! 이 상품은 ○○카드로 구매하시면 50% 할인됩니다. 혹시 그 카드 없으세요?"

이렇게 친절하게 알려주는 점포라면 다시 그 점포를 방문하고 싶을 것이다.

언젠가 얼마 이상 구매하고 ○○카드로 결제하면 000원을 다음 달 사용할 수 있는 쿠폰으로 보내주는 행사가 있었다.

당장 가서 물건을 사고 결재를 했다. 그런데 쿠폰 발급이 되지 않는 것이었다.

POS에 찍는 포인트 바코드가 있었는데 찾지 못했다.

당시 근무하던 점주는

"이런 행사가 있어요?"

카운터 바닥에 작지만 행사 내용이 부착되어 있었다.

어이없었지만 웃으며 대답했다.

"아니 행사 건을 저한테 물으시면 어떻게 해요?"

점주도 웃으며

"그르게요. 오랜만에 나왔더니…"

겨우 찾아 쿠폰을 발급받고 나왔지만, 본사에서 중요하게 생각하는 행사임에도 숙지하지 못한 것은 바람직해 보이지 않았다.

이러한 상황이 일부 점포만의 문제일까?

모든 행사를 숙지할 수는 없을 것이다. 하지만 중요한 행사는 반드시 전 직원 숙지하고 우리 점포에 방문하는 고객에게 직접 홍보해야 한다.

진리는 단순하다. 작은 것이 모여 매출이 상승하는 것이다.

장사는 내가 하는 것이다. 떨어지는 매출 원인을 남 탓으로 돌리지 말자.

> 직원과 손님과의 호흡
채용은 철저하게

'이놈의 편의점, 인건비 따 먹기라더니 당장 때려치우고 싶다. 그런
데 계약 종료일 이전에 때려치우면 또 안 된다고 한다. 위약금이 어마
어마하단다. 이런 젠장, 이걸 어쩐다…. 선배들이 이야기하던 노예가
되어 버린 것 같다.'

수직적인 직장 생활을 청산하고 열심히 하면 자신들의 인건비는 나
오겠지. 하는 생각으로 편의점을 시작했을 것이다.

아르바이트를 구하지 못한 3개월 가까이 부인은 08시~22시까지, 남
편은 22시~08시까지 맞교대 근무를 하다 보니 심신이 지치고 집은 엉
망이 되었다.

여러 방편으로 구인광고를 올렸다. 몇 명이 들어오긴 했지만 고된
업무를 감당하지 못하고 며칠 만에 그만두기 일쑤였다.

그러던 어느 날, 20대 젊은 친구가 '아르바이트 구하세요?' 하면서
들어오는데 구원자와 같았다.

"언제부터 할 수 있어요?"

"네, 내일부터 당장요. 군대 가려고 휴학 중이에요. 6개월 정도 할 수 있습니다."

천군만마를 얻은 듯했다. 6개월이면 장기 근무에 속한다.

"그럼 내일부터 나올래요? 8시부터 18시까지 가능할까요."

"네. 내일 8시까지 올게요."

다음 날 약속 시간에 맞춰 그 친구는 출근했다. 입사지원서를 간단하게 작성하고 포스부터 가르쳤다. 우선 계산이 가능해야 어쨌든 하루라도 쉴 수 있으니까.

고객에게 친절하고 부지런했다.

'복덩이가 들어왔어.' 속으로 쾌재를 불렀다.

그렇게 주말이 지나고 출근 3일 차 월요일 아침이었다(편의점은 오전에 정산을 한 뒤 그 매출금을 본사에 입금해야 한다).

주말(이틀) 장사 매출을 정산하고(5백만 원 정도) 은행에 가기 위해 카운터 아래 금고에 5백여만 원을 넣어두었다. 문은 살짝 걸쳐만 두고 잠그지 않았다.

"은행 가서 잔돈도 바꾸고 입금하고 와야 하는데 잠시 혼자 있을 수 있겠어?"

"네. 당연하죠! 걱정하지 마시고 다녀오세요."

"어 그래, 화장실 갔다가 다녀올게."

5분이 채 걸리지 않은 시간이었다. 화장실 다녀와서 점포에 들어갔는데 그 친구가 보이지 않았다. 백룸에서 정리 중인가 했으나 보이지 않았다. 워크인에도, 점장실에도 그 친구는 없었다.

불길한 마음에 금고로 뛰어갔다. 금고 문은 열려있고 현금은 사라졌다.

멀리 가지 못했을 것이라 생각하고 뛰어나갔지만 점포를 오랜 시간 비워둘 수 없어 곧 돌아왔다.

서둘러 경찰에 신고하고 수소문을 했지만 몇 달이 지나도록 그 친구는 찾을 수 없었다.

계획적인 것이었다. 입사지원서 내용도 모두 가짜였던 것이다.

5백만 원을 사비로 메울 수밖에 없었다.

그 사건 뒤로는 신분 확인을 거친 후 아르바이트를 뽑았지만, 경험으로 여기기에는 상심이 너무 컸다.

채용 시 서류는 철저하게 작성하고 반드시 확인해야 한다.

> 발주와 재고관리의 정석
손님 뭐 찾으세요? 이건 어떠세요?

1인 가구 시대로 접어들어 출생률이 최저치를 갱신하고 있다.

90년대 생인 아들과 가끔 문자로 대화하다 보면 답장으로 'ㅇ'이라는 문자가 대부분이다. 처음으로 집을 떠나 수학여행 중인 아들에게

"잘 도착했냐? 재밌냐? 처음 친구들과 여행 간 느낌은?"

"ㅇ"

"선생님들은 잘해주냐? 밥은 맛있어? 엄마 밥이 더 맛있지? 보고 싶다…."

"ㅇ"

마음을 담은 장문의 메시지를 보내도 아들의 답은 'ㅇ'이다.

많은 분들이 비슷한 경험을 했으리라 생각된다.

고객이 들어오면 아무 말도 안 하고 서 있다가…, 상품 계산하고 돈 받고…, 그냥 나가면 그런가 보다….

대부분 편의점이 그렇다. 점원 구하기도 힘들어 나와 주기만 해도 감사하다. 또 언제 나갈까 싶어 아르바이트를 상전 모시듯 하고 있다. 이제 시간제 일도 직업이 된 세상이다. 그들에게 정직원의 기쁨을 주고 추가로 들어가는 인건비를 다른 곳에서 충당하면 어떨까 싶다.

편의점은 목적구매가 거의 100%에 가까운 고객들이 찾는 곳이다. 들어와서 무엇을 살까 여기저기 구경 다니는 백화점과는 완전히 다른 업종이다. 상품도 정해놓고 들어온다. 물은 '삼다수', '아이시스', …, 커피는 '레쓰비', 우유는 '바나나우유', 소주는 '처음처럼', '참이슬' 등 본인의 취향에 맞는 상품을 정하고 들어온다. 상품의 종류나 기능이 점점 다양해지고 있다. 이제 너무 많아서 무엇을 살까 고민을 할 때도 있다.

얼마 전 마스크를 사러 편의점에 들어갔다. 코로나 시대에 마스크는 귀중한 소지품이 되었다. 벽면 진열대에 예쁘게 진열은 잘해놓았지만, 도대체 뭐가 뭔지 모르겠다. 대충 봐도 10개는 넘는 마스크가 걸려 있다. KF94도 여러 종류이고 가격도 천차만별이었다. 난 전문가도 아니고 그냥 서 있었다. 단지 좋은 마스크를 저렴하게 구매하고 싶었다.

"어느 것이 좋은 거죠?"

점원에게 물었지만 대답은 퉁명하게 돌아왔다.

"잘 모르겠네요."

약국으로 갈 걸 하는 후회가 들었다.

고객이 망설이며 어느 진열대(곤돌라, 쇼케이스) 앞에 서 있다면 대화를 해야 한다. 무엇을 찾고 있는지, 있다면 빨리 골라 주고, 없다면 다른 브랜드를 권하거나 양해를 구하고 다음에 꼭 가져다 놓겠다고 답하면 된다. 편의점은 20평 정도의 크기다. 한눈에 파악이 가능하다. 고객은 들어와서 약 5분 정도 머물고 나갈 때까지 뭘 해야 할 것인지, 무엇을 사고 싶은지 정해놓고 찾는 경우가 대부분이기에 늘 먹던 도시락은 오늘은 없는 것인지, 찾는 도시락은 어떤 브랜드인지 꼭 확인해야 한다. 더군다나 단골이면 반드시 확인해서 재방문 시 그 상품이 반드시 놓여있게 해야 한다. 그래야 충성고객으로 변한다. 내가 말한 걸 가져다 놓은 점포. 고객은 그때부터 대접받는 느낌, VIP가 된 느낌을 받는 것이다.

이런 생각을 하고 있을 때 점주분이 다가오더니,

"종류가 많아서 다는 모르지만 제가 사용해보니 이게 제일 저렴하고 좋더라고

요⋯.”

점주분이 권하는 마스크를 사서 나왔다. 몇 마디 안되는 대화였지만 상품에 대한 신뢰가 생겼다.

편의점은 한정된 공간에 평균 2~3천여 개의 상품이 빽빽하게 진열되어 있다. 한가롭게 상품 구경을 하기도 하는 대형할인점이나 백화점과는 다르다. 고객이 잘 아는 상품이 대부분이지만, 신상품, Food, 기능 상품, 먹거리 등은 반드시 점주가 숙지하고 설명이 가능해야 한다. 그래야 고객에게 믿음을 준다. 그리고 망설이는 고객, 뭔가를 찾는 고객에게 빨리 다가가 대화를 시도한다.

“고객님 무엇을 찾고 계시는가요? 뭐가 필요하신가요?”

“아~ 그 상품은 여기 있습니다.”

“아~ 그 상품은 현재 재고가 없습니다(결품). 대신 비슷한 이런 상품이 있는데⋯.”

“어떠세요?”

“다음에 오실 때는 꼭 가져다 놓도록 하겠습니다. 죄송합니다.”

이런 대화를 시도한다면, 그 고객은 100% 반드시 다음에 또 그 점포를 방문하게 될 것이다. 그때에는 반드시 인사하라.

“어서 오세요. 또 오셨네요, 그 때 찾으시던 그 상품 여기 있습니다.”

그 고객은 다른 상품을 사러 들어왔지만, 그때 찾던 그 상품을 반드시 사 갈 것이다.

잊지 말아야 한다.

항상 고객과 대화할 수 있는 자세를 갖추고 있어야 한다.

> 발주와 재고관리의 정석

적을 알아야 한다

지피지기면 백전백승(知彼知己 百戰百勝)

편의점 춘추전국시대이다. 업체마다 특징이 있고 브랜드 파워가 다르다. 같은 회사 브랜드라도 점주의 운영 능력에 따라 고객들에게는 다른 느낌을 준다. 어떤 점주들은 처음 운영하면서도 근처 다른 편의점(경쟁점)에 절대 안 가본다. 훔쳐보는 것 같고, 자존심도 상한다고 한다. 귀찮기도 하고, 나만 잘하면 되지….

물론 본사 FC들이 뛰어난 기법과 실력으로 분석해서 설명해 주면 다행이지만 그 정도로 시간과 노력을 기울일 분들은 많지 않을 것으로 생각된다. 설령 그렇게 해준다고 해도 내가 직접 눈으로, 몸으로 체험해서 익히는 것보다 더 좋은 방법은 없다.

모든 편의점의 기본 진열 방식은 비슷하다 해도 무방하다. 같은 군의 상품끼리 모아놓았으며(과자, 라면, 젤리, 안주 등) 연관 진열을 하고 (술과 안주/우유와 빵/스타킹과 여성용품 등), 출입문을 열고 들어가면 생활용품부터 안으로 먹거리를 진열해 놓았다. 냉장 진열대와 냉동 진열대가 있고, 커피 기기는 카운터 위에 있고 담배 진열대는 카운터 뒤에 자리 잡고 있다.

• 경쟁점의 레이아웃(배열 구성)은 어떤가
• 김밥은 어떤 종류, 수량이 어느 정도인가(일반 김밥, 말이 김밥, 삼각김밥 등)
• 디저트와 도시락은 몇 개인가
• 같은 시간대에 도시락 수량은 몇 개인가
• 타 편의점의 고객층은 어떠한가

이런 기초적인 질문으로부터 분석해 나가면 된다.

근무자별로 불러 이야기를 나누어보자(교육은 싫어한다. 동등한 입장에서 대화하도록 노력).

점주와 근무자들의 단정하지 못한 복장과 건성으로 하는 인사, 핸드폰 게임을 하는 야간근무자, 오가는 손님에게 무심한 편의점.

경쟁업체의 부정적인 태도가 고객에게 주는 영향을 지향하고 발전적인 모습으로 나아갈 바를 함께 토론하고 제시하도록 한다.

도시락 발주는 늘리면서 그 흐름을 같이 관찰해 보자.

경험 있는 분들은 이렇게 말할 수 있다.

"나도 다 알아, 이 양반아. 그런데 사람이 있어야 그렇게 하지. 아르바이트가 없어. 자주 그만두거든. 나 혼자 근무해."

그럼 어찌할까요?

"현실에 맞게 할 수 있는 노력을 해보시죠. 점차 안정화될 겁니다. 그래도 현실적인 어려움이 있다면 본사에 도움을 요청하세요. 프랜차이즈의 장점 중 하나가 아니겠습니까?"

FC로 일할 때였다.

대치동에 있는 S 아파트 입구 점포. 고가의 아파트로 당시 M은 법조계, E는 경제계, S는 의료계를 주름잡으며 종사하는 엘리트가 주로 거주한다는 소문이었다.

그 점포는 아파트 구조상 입구에 있지만, 더 들어가면 상가가 있고, 상가 지하에는 대형슈퍼가 있었다.

대형슈퍼가 있음에도 슈퍼에 없는 '하겐다즈'나 '걸프(누르면 나오는 음료수)', '삼각김밥'이 있어 기본 매출이 나오는 가족이 함께 하는 점포이다. 남자 점주는 진짜 타고난 장사꾼이고 누나와 부인은 청소에 열심이었다. 하루는 사은품 요청을 했다. 여성용품(낱개) 몇 박스와 펩시 열쇠고리(스파이더맨) 구해 드렸다. 누나와 부인을 통해 아파트 여성 고객과 동네 아이들에게 나누어 주었다.

그러던 중 대형 슈퍼가 재고를 못 이기고 부도가 나고 만다. 1년 정도 뒤 다른 슈퍼가 입점했지만 그동안 이 점포는 하루 200만 원의 매출이 400만 원 대로 올랐다. 슈퍼가 다시 들어온 뒤에도 350만 원 정도의 매출을 유지했다. 점주와 가족의 피나는 노력의 결과이다. 대형 슈퍼의 악재가 편의점의 호재로 작용한 부분도 무시할 수 없다. 그 점주와는 아직도 연락하고 지낸다.

연세가 있어 은퇴 후 공기 좋은 곳에서 살고 계시는 지금도 가끔 그때를 이야기하며

"참 고마웠습니다…."라고 하신다.

"저도 정말 고마웠습니다."

상품이 모자랄 때마다 근처 점포에서, 물류센터에서 긴급 배송을 많이 해드렸다. 휴일에도 나가 도와드렸다. 열심히 하는 점주를 도울 때는 내 일 같은 즐거운 흥분이 느껴졌다.

"항상 주변 경쟁점에 꼭 가서 보고 대처해 나간다면 반드시 승리할 것이다."

> 상술의 정석

손님 더 필요한 거 없으세요?

나의 첫 근무 점포는 점포 호수로 38호점이다. 잘 될듯한 느낌이 드는 기분 좋은 출발이었다.

청담동에 생긴 1호점이다. 주변에 호텔이 많고 나이트클럽도 성황이었다. 야간에는 젊은 남녀들이 꽤 방문했고, 당시 부유층의 산물인 마일드세븐이 엄청나게 판매되던 곳이다. 내가 발령받자 주위에서 이상한 이야기가 들려왔다.

세븐일레븐에 아주 유명한 여자 점장 2명이 있는데, 그중 1명이 아주 지독하게 일을 시킨다(물론 그런 분은 절대 아니다. 오해 없으시길).

단정하고 멋들어지게 넥타이를 매고 씩씩하게 첫 출근을 했다.

"안녕하십니까?"

점장님은 아주 밝게 웃으시며 맞아주셨다. 늘 웃는 얼굴이어서 손님들이 좋아한 멋쟁이 점장이었다.

카운터에서의 고객에 대한 인사, 응대 이런 것이 내가 꿈꾸던 점장의 모습 그대로였다. 근엄하면서 여유 있고, 카리스마까지 겸비한 최고의 점장이었다.

첫 출근 후 한 달 가까이 업무는 미화원에 가까웠다.

카운터에서 능수능란하게 고객을 응대하고, 아르바이트생에게 지시하며 주인처럼 행세하고 싶었다.

'내가 청소하려고 입사했나? 이건 좀 아닌데….'

어느 날 대걸레를 잡고 열심히 바닥을 닦고 있는데, 물건을 고르는 세련된 남녀가 보였다.

'아뿔싸…. 대학 동창….'

멋진 여자친구와 쇼핑을 하고 있다.

'어쩌지? 아는 척해야 하나? 그래도 대학을 우수한 성적으로 졸업하고 입사했는데, 대걸레질이나 하고 있는 내 모습이라니….'

보여주기 싫었고 창피했다. 얼굴을 돌리고 재빨리 빠른 걸음으로 피했다.

Walk in(음료, 주류 냉장 진열대인데, 뒤쪽 공간에 들어가서 상품을 보관 또는 진열할 수 있는 창고) 안으로 들어가 밖을 보며 나가기를 기다렸다.

'내가 꼭 이래야 하는가? 내 직장인데 뭐가 창피한 건가…?'

'사무실에서 넥타이 매고, 컴퓨터 앞에서 업무를 보는 내 모습을 상상하는 건가?'

한참 뒤에 친구가 나간 뒤 다시 매장에 나와 걸레질을 시작했다.

그 뒤로도 몇 번이고 아는 사람들을 만났지만 그때마다 Walk in으로 도망가듯 피했다. 한 달이 지나자 점장님이 올라오라고 하셨다(여기서 위는 카운터 계산대).

여전히 점장님은 '어서 오세요. 세븐일레븐입니다.'가 입에 배어있었고, 웃으며 하는 인사는 가식적이지 않은 다정한 인사였다(나는 그 인사를 절대로 따라 하지 못했다.).

"옆에 서서 손님 들어오면 웃으면서 인사하세요."

'어? 계산하는 거 아닌가? 계산을 해야지 이게 뭐야?'

그리고 다시 지시하셨다.

"쇼핑백 한 장 한 장 꺼내서 깨끗이 닦으세요."

'쇼핑백을? 왜 그걸 닦아. 물건 담아주면 그만인데, 그것도 한 장씩 전부? 미친 거 아냐?'

"고객이 담아 가는 쇼핑백이 카운터 밑에 있다 보니 먼지가 계속 쌓여서 지저분해집니다."

"……."

"끝부분을 더 신경 써서 닦으세요. 쇼핑백에 먼지가 묻어있으면 고객들이 불쾌해합니다."

"……."

"작은 부분부터 신경 쓰는 직원이 되어야 합니다."

듣던 대로 명성이 자자한 점장님이셨다. 바쁜 와중에 쇼핑백 걸레질까지 하다니….

우리 점포는 깨끗하고, 매출 높은 점포였다.

'이유가 다 있었던 게지…. 하나를 보면 열을 안다고 했는데….'

그렇게 또 일주일이 지나고, 드디어 카운터에 서서 계산을 하기 시작했다. 입사하고 거의 2달 만에 처음으로 계산대에서 POS를 작동하고, 고객 응대를 하기 시작했다.

"더 필요한 거 없으세요? 담배 필요하지 않으세요?"

점장님이 고객 응대 시 늘 하시는 말씀이다.

'자연스럽게 나보고 하라고 했지만…, 짧은 시간에 초보자가 그런 이야기까지 하는 건 진짜 무리…. 인사하기도 어려운데 그것까지…?'

"남자분들은 담배(담배 매출 구성비가 40%가 넘는다)를 미리 사질 않아요. 항상 떨어지면 그때 사러 오시죠. 더군다나 여긴 호텔 손님도 많고 야간에 나이트클럽 손님, 클럽 영업 종료 후 퇴근하는 종업원들도 많은 점포입니다. 추가로 권유하고 말씀드리면 30%는 '네 한 갑 주세요, 네 한 보루 주세요.'라고 합니다."

"그게 추가 판매, 권유 판매이고 객단가를 올리는 방법입니다."

진짜 우리 점장님 최고다!

우리 점장님은 내가 보기에 추가 판매 성공 확률이 거의 50%에 육박했다. 난 5%…. 그나마 점장님 퇴근하고 나면 또 나태해지고, 아무것도 안 하고….

추가 판매를 위해 입이 떨어지려면 상당한 시간과 훈련이 필요하다. 하지만 한번 입이 떨어지게 되면 금방 따라 할 수 있으며, 매출은 서서히 올라간다.

매출 올리기, 이 얼마나 쉬운 방법인가?

"손님 뭐 더 필요하신 것은 없으세요?"

말 한마디에도 매출이 올라간다.

시작하십시오. 도전하십시오!

> 상술의 정석

미숙아! 안녕!

대표는 다양한 양질의 경험과 경력을 지닌 분이었다. 편의점 선진국인 일본에서의 경험과 전략을 받아들여야 했던 우리는 유치원생이 대학 강의를 듣는 듯한 형국이었다. 쉬지 않고 앞만 보고 달렸다. 다시 그 상황이 온다면 해낼 수 있을까.

일본의 세븐일레븐은 실로 엄청났다. 여러 가지 시스템과 관리 방식, 상품개발, 기획을 우리가 따라가기에 높은 산이었다.

우리는 일본 세븐일레븐의 먹거리를 차용하기 시작했다. 당시 미국 세븐일레븐의 형태를 그대로 따라 하던 우리는, 대표가 일본 사람으로 바뀌면서 일본 세븐일레븐과 같은 형태로 움직였다.

삼각김밥, 맛있는 빵, 샌드위치, 도시락 그리고 찐빵(호빵)과 어묵(오뎅)등으로 정신이 없었다. 장사도 해야 하고 카운터에 찐빵도 관리해야 하고, 어묵도 관리해야 했다. 찐빵과 어묵은 유효기간이 매우 짧은 상품이다. 4~5시간이 지나면 물러져 판매하기 어려운 상품이 된다.

67

온전히 내 부담이 되는 것이다. 그렇다보니 진열을 많이 할 수도 없고, 적게 하자니 상품성 떨어진 식품을 진열해 놓은 것처럼 보인다.

더군다나 이렇게 어려운 상품을 다뤄본 경험이 없어 난처한 일이 한두 가지가 아니었다. 그나마 찐빵은 좀 나았지만, 어묵은 본사에서 교육을 받았음에도 불구하고 미가동 점포가 많았다. 본사에서는 회유와 부탁을 통해 제발 가동해 달라고 했다. 더군다나 출발 시점이었기에….

과연 한국에서도 판매가 통할까? 어떨까?

테스트 개념이기도 했던 것 같다.

미가동 점포가 50% 이상이고 그나마 판매하는 점포도 관리 미흡, 판매 부진으로 점포당 2~3개 정도 판매되고 있었다.

본사 직원들도 판매 경험이 부족해 '가동해라! 진열 많이 해라! 추워지지 않느냐! 부탁드린다! 내 얼굴 보고 좀 도와달라!' 아우성이었다.

그 정도 수준의 말밖에는 할 수 없는 듯 했다.

그러던 와중에 우면동 아파트 입구 상가 점포(우면점 118호점. 지금은 없어졌음)에서 있었던 일이다. 부부가 열심히 운영하던 점포이자, 최초로 점주가 본사 직원들에게 강연을 했던 점포였다. 다른 점포에서 찐빵 5개를 팔 때도 30~40개 이상의 매출을 올렸다. 어느 날 100개를 넘기더니 200개를 판매하는 위업을 달성했다. 독보적인 점포였다.

대표이사와 함께 팀장들은 점포를 방문했다.

대표는 "어떻게 이렇게 파는지 관찰하라."라고 지시했다.

나는 점포에 들어가 찜기와 재고 상황 외의 것도 살펴보았지만 다른 점포와 다른 점은 특별히 없었다.

"아, 대표께 뭐라고 말씀드리나, 이유를 찾아야 하는데…"

답답하고 허탈한 심정으로 돌아서려는데, 초등학생들이 들어왔다. 찐빵 찜기를 향했다. 수업이 끝난 시각이었는지 또 다른 학생들이 삼삼오오 들어오더니 찐빵을 구매했다. 200개가 넘는 찐빵 매출이 설마 초등학생 고객일까 하는 생각을 들게 했다.

상황을 유심히 살피게 되었다.

그러고 보니 학생들이 들어올 때마다 점주는 아이들의 이름을 한 명 한 명 부르며 인사를 했다.

"영철이 왔구나!"

"미영이는 오늘 힘든 일 있었어?"

"영수야 뛰어다니지 마! 다친다."

"영길아, 어머니가 좀 있다가 오신다고 여기서 놀고 있으래, 어디 나가면 안 된다."

마치 교실에서의 학생과 따뜻한 담임선생님 같았다.

나중에 들은 이야기로는 그 아파트 초등학생들이 상당한 고객이었고 점주는 찾아오는 학생들 이름을 거의 외운다 했다.

"미숙아 아줌마가 열쇠고리 하나 줄게 가져가."

사은품도 주신다. 나중에는 미숙이 어머니가 찾아왔다.

"아이가 집에 와서 점주님 이야기를 많이 해요. 고맙습니다."

미숙이 어머니도 점점 우면점의 단골이 되어갔다. 자기 자식을 이렇게까지 돌봐주니 어느 부모가 좋아하지 않겠는가?

답은 나왔다. 점주의 고객 이름 외우기, 어린 학생들 돌봐주기 그리고 그 부모의 감사함이 편의점을 찾게 한 것이다. 찐빵은 그렇게 어린 학생들과 그 부모들이 주고객이었다. 고객의 이름을 외우고 불러주는 것이 매출로 이어진 좋은 사례였다.

점주는 본사에서 표창과 상금도 많이 받았다. 다른 점주들에게 견학 점포가 되었다. 나중에는 누가 찾아와 관찰하는 것을 부담스러워했지만 이런 모습이 장사이고 영업인 것이다.

한번 불러보자.

"미숙아! 안녕!"

"영수야 오늘 선생님 말씀 잘 들었지?"

> 발주와 재고관리의 정석
편의점은 역시 "FOOD"

후배가 퇴사 후 양재동에 편의점을 개점했다.

장사를 잘하는 친구라 오픈 후 매출도 꾸준히 올라 정산금도 덩달아 올랐다.

차 한잔하자는 전화를 받고 가보니 마진 이야기를 한다.

'이것저것 본사가 너무 많이 가져갑니다. 장려금도 안 줘요.'

불평불만투성이다. 메이저 편의점의 장점을 이야기하며 좋은 방향을 제시하고 왔지만 한 달 뒤 후배의 점포는 계약 해지되었다.

인테리어를 바꾼 후 개인 편의점으로 오픈했다는 이야기를 들었다. 여기저기 다니고, 업체 만나면서 마진율은 조금 올랐다고는 하지만 확인할 길은 없다.

담배 장려금 정도 더 받았을까?

1년이 지난 뒤 그 후배와 양재동에서 술을 한잔할 기회가 있었다.

편의점 접고 취직해야겠다는 것이다.

시간과 노력을 투자하는 것에 비해 효과가 미미하고, 심각한 문제는 매출이 20~30% 정도 하락했다는 것이 이유였다.

"왜?"

Food 매출(삼각김밥, 도시락 등 먹거리)이 고스란히 빠지면서 고객이 감소하고 일반 상품의 가격이 프랜차이즈 편의점보다 저렴한데도 불구하고 고객이 오지 않는다는 것이다. 매출이 서서히 하락하고 수입이 줄면서 편의점은 인건비를 줄이게 되고, 줄어든 인건비만큼 몸으로 때울 수밖에 없다 보니 피곤해지고 불친절해진다. 서서히 점포가 망가져 가는 것이다.

편의점은 우리 가족의 냉장고다. 언제 열어도 먹을 것이 있어야 한다. 있을 때는 잘 느끼지 못하지만, 없을 때는 그 중요성을 깨닫게 된다.

아침을 안 먹고 회사 근처 가까운 편의점에서 식사하는 분, 방과 후 편의점에 들러 간식 먹는 학생들. 요즘은 아이들 학교 보내놓고 편의점 도시락으로 점심을 때우는 주부들도 늘었다. 이제 편의점은 우리의 냉장고이고 식당이고 레스토랑이다. 없는 게 없다. 아니 없는 게 없어야 한다. 동네 슈퍼가 싸고 더 다양한 상품을 구비해 놓고 있지만, 굳이 편의점을 찾는 이유는 무엇일까?

그 이유는 바로 Food에 있다.

편의점은 커다란, 집채만 한 냉장고이기 때문이다. 먹을 이유가 없다면 굳이 갈 필요가 없다. 뜨거운 물과 전자레인지에 라면 냄비, 테라스와 식탁이 갖춰져 있고 아메리카노를 손쉽고 부담 없는 가격으로 접할 수 있는 곳….

먹거리가 없는 점포는 이제 매력이 없다.

굳이 주차하고 들어갈 이유도 없다.

조금 불편해도 더 싼 곳을 찾아갈 수도 있다.

내가 편의점을 찾는 이유는 커피, 삼각김밥, 컵라면을 먹으러 가는 정도이다.

다른 대부분의 물품은 핸드폰으로 주문하면 집 앞까지 가져다준다. 편리한 세상이다. 더구나 할인과 함께 쌓이는 쿠폰, 포인트도 있다. 혜택이 많다. 얼마나 좋은가?

조리된 따뜻한 음식이 식탁 위로 배달되고 비조리 음식까지 정갈한 포장상태로 주문하는 시대다. 차별화된 편의점만의 아이디어를 개발하지 않으면 경쟁력에서 밀리게 된다.

단순한 푸드로는 이길 수 없다. 남들보다 빠르게 틈새시장을 공략하고 개발해야 한다. 치열한 경쟁이다. 하물며 점주들이 우리의 강점인 푸드(food)를 인식하지 못하고 결품을 낸다면 고객들은 나도 모르는 사이 줄어들 것이다.

회사 근처 단골 편의점이 있었다. 점주가 바뀌면서 편의점 분위기가 안 좋아진 그곳에는 가고 싶지 않았다. 출근길에 차를 잠깐 세우고 들어가 커피를 마시고 삼각김밥이나 도시락을 먹던, 나름대로 하루를 준비하고 계획하며 마음을 잡던 공간이었는데, 이제 그마저 남아 있지 않다. 지금은 출근해 주차를 하고는 옆 건물 1층 편의점으로 간다.

잊지 말자.
친절한 점주에 친절한 점원이 있다.

> 발주와 재고관리의 정석

로스(LOSS) 신경 안 쓸 수가 없네

점포 영업을 시작하고 3~4개월 정도 지나면 본사에서 재고조사를 나온다. 편의점의 상품들은 발주 시 본사에서 무상으로 입고되기 때문에(마진을 붙여 판매하는 방식이 아님) 정기적인 재고조사를 통해 상품이 제대로 있는지 확인한다(주문-입고-판매-재고).

내가 계산 안 하고 김밥을 먹고, 점원이 계산하지 않고 담배를 가져 가고, 고객 일부가 몰래 상품을 가져간다면 모두 로스(loss)가 된다.

본사 재고조사 후 로스가 발생하면 부족한 상품의 금액은 정산금에서 원가로 공제된다.

로스는 전산 재고와 실제 재고의 차이를 말한다. 정산금이 5백만 원이었는데, 로스가 3백만 원이 발생했다면 2백만 원의 정산금만 입금된다.

인건비도 주지 못하는 상황이 발생할 수도 있다. 결국 사비로 인건비가 지출되는 악순환이 반복된다. 본사와의 계약 시 맡겨 놓은 보증금도 남지 않을 수 있다. 한 푼도 받지 못한 채 계약을 해지당하는 일도 있다. 심하면 차액을 지불해야 하는 경우도 발생한다.

좋은 팀워크를 가진 점포의 경우 로스는 거의 없으나, 점포관리가 좋지 않고 근무자들의 태도가 불성실한 점포라면 반드시 로스가 발생한다.

언젠가 점주가 하소연을 했다.

"나름대로 열심히 하는 데도 로스가 발생해요. 그것도 고가 상품인 생활용품(면도기, 면도날, 소형 잡화 등 높은 단가 상품)이 주로 없어져요. 취객들이(유흥가 주변 점포였음) 가져가는 것인지 답답합니다."

우리가 배운 미국 세븐일레븐의 데이터에 의하면, 로스의 제1원인은 근무자, 벤더(공급자) 그리고 고객 순이었다.

우리는 로스의 원인을

밝히기 위해 처음으로 CCTV 녹화본을 보며 확인하기 시작했다.

여러 명이 매달려 몇 날 며칠을 보다 이상한 점을 발견했다.

야간 물류 기사가 박스에 상품을 들고 들어와 검수 후, 빈 박스를 포개서 나가는 장면이었다. 시야 확보가 쉽지 않은 사각지대였지만 차곡차곡 쌓은 박스 아랫부분에서 무언가 보였다. 상품인 듯했지만 확실하지 않았다. 점주와 의논 후 몰래카메라를 면도기 쪽에 설치했다.

실상을 확인하는 데에는 긴 시간이 걸리지 않았다.

복도에 박스를 깔아놓고 직원이 검수하는 사이였다. 물류 기사는 검수를 끝낸 박스를 한곳으로 합치고, 빈 박스를 포개면서 면도기와 면도날을 빠른 속도로 담았다. 그리고 다시 그 위에 빈 박스를 포개고는 '수고하세요!' 하며 박스를 들고나간 것이다. 빠른 손놀림이 능수능란했다.

나중에 들은 이야기는 그 물류 기사 아버지가 종로에서 가맹점을 하고 있었다. 훔친 물건들을 아버지 점포에 가져다주고 재판매하고 있었던 것이다.

형사고발까지는 하지 않았지만 그의 아버지는 계약 해지를 당했고 점포 손실(loss) 금액 전액을 변상해야 했다.

점포에 CCTV 등 장비가 지금은 잘 되어 있다. 전산상으로 입고, 판매, 재고가 한눈에 보이며 재고조사 후 어떤 상품에서 로스가 발생했는지 알 수 있다.

"그럼 금방 찾겠네, 로스 원인을…."

이렇게 말하기는 쉽다. 하지만 여전히 CCTV가 설치되었음에도 점
포에서 로스가 발생하고 있다. 게으른 점주와 본사는 로스 원인을 찾
아보지 않고 손님 탓하며 허송세월하는 경우도 허다하다.

어떤 이유로든 손실(loss)이 생긴다 하여 의심부터 하는 것은 좋지
않다. 손실을 유발하는 원인은 도처에 널려 있다. 아시다시피 미꾸라
지 한 마리가 물을 흐리는 것이다. 어쨌든 미꾸라지는 반드시 잡아야
하지만 여러 각도로 분석해 미꾸라지들이 활보할 여지를 차단하는 노
력도 게을리하지 않아야 하겠다.

재고 손실(loss)의 주요 원인

점포근무자, 납품업자, 고객, 전산상의 오류, 재고조사 오류 등

> 발주와 재고관리의 정석

죽어가는 상품 먼저 처리하라

편의점은 신상품을 판매하는 곳이다.

매주 평균 20개 정도의 상품이 출시된다. 한 달이면 약 80개 가까이 된다. 여기에 행사 상품(밸런타인데이, 화이트데이, 빼빼로데이, 크리스마스 등)을 포함하면 숫자는 어마어마하다.

편의점은 대개 20평 내외의 작은 매장이 대부분이다. 백룸(재고를 보관하는 창고)을 제외하면 작은 규모인 것이다. 여기에 한 달, 약 100여 개의 신상품이 들어오니 그 많은 물품을 어디에 진열하는가? 그렇다고 발주를 안 하려고 하니 유행에 뒤처지는 것 같아 진퇴양난이다.

물론 본부 상품부 담당 직원들이 빠르게 상품을 처리하고, 그 자리에 신상품을 넣어주면 좋겠지만 현실은 그렇지 못하다. 상품부 담당 직원들은 교육은 받았지만 자기 담당 상품의 매출과 고과 평가가 긴밀히 연결되어 있기에 상품을 삭제하고 신상품을 론칭하는 것이 쉽지 않다. 더구나 미리 예측해서 상품을 Cut 해나가기에는 어려움이 있다.

신상품이 소개되면 진열 위치를 선정한 후(가급적 신상품은 좋은 자리에 진열해서 알리는 게 좋다) 그 주변 상품 중 재고가 적게 남아 있고, 유통기한이 가장 임박한 상품, 매출이 가장 저조한 상품을 고른다. 그런 후 발주를 중지하고 서서히 진열대에서 빼 나간다. 매출이 저조한 제품은 아쉽지만 원가 손실을 감수하고라도 정리하는 것이 좋다. 아까운 마음으로 붙잡고 방치해봤자 어차피 나중에 안 팔리고 유통기한이 지나 폐기 처분하게 된다. 그렇게 되면 손해는 더욱 커진다.

각 제조공장에서는 신상품을 만들면 제일 먼저 편의점에서 테스트 마케팅을 한다. 언제, 어떻게.

주고객층에 관한 정보를 수집한다. 전국에 만 개가 넘는 점포에서 판매가 된다면 이보다 더 좋은 마케팅이 어디 있겠는가?

100원짜리 껌을 판매하던 시절 롯데제과에서 500원짜리 자일리톨을 판매하기 시작했다.

"껌이 500원이라니…."

대부분 이구동성으로 실패할 것이라고 생각했다.

하지만 성과는 놀라웠다.

'잠자리 들기 전 씹는 껌'이라는 건강을 스토리텔링한 마케팅을 내세운 것이다. 서서히 매출이 상승하더니 급기야 1위가 되었다.

본격적인 출시 전 세븐일레븐에서 테스트 마케팅이 성공한 것이다.

신상품은 어떻게 판매될지 아무도 모른다.

20개의 상품 중 1개라도 성공한다면, 그 담당은 능력을 인정받는 것이다.

가장 앞서가는 유통이 편의점이다. 늘 팔던 상품만 팔 수는 없지 않은가?

매출이 저조한 상품을 과감하게 걸어내는 힘을 키우자.

> 직원과 손님과의 호흡
업무 할당

편의점은 24시간 영업하는 유통업이다(지금은 24시간 운영을 안 하는 점포도 물론 있음). 24시간을 혼자 근무할 수 없기에 아르바이트를 채용하고 교육할 수밖에 없다.

혼자 하겠다는 욕심은 의도와 달리 여러 가지 문제를 야기한다. 누적된 피로로 집중력뿐 아니라 서비스의 질도 떨어진다. 여러 명이 업무를 나누어 100의 효과를 본다면, 혼자 모든 것을 감당하려 할 때에는 50의 성과밖에 거둘 수 없다.

점포가 지저분하다거나, 밝은 얼굴로 고객을 맞이하기 어렵다거나, 나도 모르게 불친절해지는 이 모든 것이 매출과 수익을 하락시킬 수 있는 것이다. 또한 3,000여 개의 상품을 관리하기 위해서는 그날그날 해야 할 업무도 상당하다. 유통기한 체크부터 각종 행사 상품 확인, 상품 진열대 청소, 신상품 위치 잡기 등 외에도 보이지 않는 일이 많다.

좀 더 체계적인 매뉴얼이 마련되어 있다면 이제 막 입사한 점원도 그 매뉴얼에 따른 근무를 할 수 있을 것이다. 구두 교육과 함께 행동으로 모범을 보이는 것이 중요하다. 하지만 점주가 24시간 근무할 수는 없기에 글로 써서 부착하고 시범을 보이고, 확인해나가는 반복 작업을 통해 신입 점원이 투입되더라도 빠르게 업무에 적응할 수 있도록 해야 한다.

직원들의 팀워크가 좋은 직장, 업무가 잘 할당되어 맡은 바 업무를 체계적으로 처리하는 직장은 성공할 수밖에 없다. 이론적으로 알고 있는 기초적인 이야기지만, 잠깐 아차 놓치는 순간 사고로 이어지는 경우도 많다.

대형 건물 화장실에 가면 청소 담당자 이름, 사진과 더불어 청소했는지? 점검했는지? 등의 체크 표가 부착되어 있고 일자별, 시간별로 동그라미로 표시되어 있는 것을 보게 된다.

우리도 근무자별로 또는 시간대별로 업무 사항을 정하고, 그 업무를 점검표로 도식화해서 벽면에 부착하고, 담당자가 퇴근 시

동그라미를 치면 어떨까 싶다. 아주 원초적인 작업이라는 생각도 들지만, 꽤 괜찮은 방법일 듯하다. 여러 근무자가 모두 볼 수 있으며, 근무시간이 바뀌거나, 새로 입사한 후배들에게도 본인의 근무시간에 '너의 업무는 이렇다.'라고 문서로 알려준다면 더욱 책임감 있게 열심히 일할 수 있을 것이다.

사례

근무시간	업무	일자
아침 시간	정문 유리창 청소	○
	점포 밖 청소하기	○
	유통기한 경과 상품 점검하기	○
	출근 고객 서비스 잘하기(밝게 인사하기)	○
점심 시간	상품 진열대 지정하여 청소하기	○
	보충 진열하기	○
	바닥 쓸고 걸레질하기	○
	신상품 확인하기	○
저녁 시간	물류상품 입고 정리하기	○
	창고 및 워크인 내부 정리하기	○
	각종 기기 청소하기	○
	유통기한 경과 상품 점검하기	○
	상품 주문하기	○

> 직원과 손님과의 호흡
돈 좀 빌려주세요

폭염이 기승을 부리던 때였다.

전기세 아끼라는 점장의 말이 떠올랐지만 에어컨을 가동하지 않고는 버틸 수 없는 더위였다.

이제 곧 ○○고등학교 하교 시간이다. 학생들이 밀려들어 올 것이다. 기다리던 시간이었다.

얼마 전 아이돌같이 생긴 남자 신입이 들어왔다.

그 직원은 입사하자마자 ○○고등학교의 영웅이 되었다. 등하굣길에 몇몇 여학생들은 카운터에 턱을 받치고 서서 그 친구에게 쉼 없는 질문 공세를 퍼붓는다. 직원도 친절한 미소로 학생들 질문에 답해주었다.

지칠 법도 한데 미소를 잃지 않는 직원은 장사 수완도 있었다.

"덥지? 시원한 음료 하나 먹어."

"네, 오빠 그럼 오빠도 같이 먹어요."

이렇게 두 개를 사 오는 친구도 많다.

이것이 '권유판매' 아닌가 하는 생각에 웃음이 나왔다.

"혼자 잘 할 수 있지? 너무 농담 따먹기만 하지 말고."

하루는 직원을 혼자 두고 퇴근했다. 일 잘하는 친구라 문제 될만한

것이 없었다.

그날은 유난히 더운 날이었다. 에어컨을 최대치로 가동했다. 학생

들이 밀려드는 하교 시간에 에어컨이 멈추고 말았다. 불평이 쏟아지

기 시작했다.

'너무 덥다. 뭐 하냐, 고장이란다. 다른 데 가자!'

직원은 신속하게 AS를 신청했다. 그리고 얼마 되지 않아 AS 기사가 나타났다.

에어컨을 열어 이것저것 보더니 컴프레서가 나갔다고 했다.

"컴프레서가 나갔습니다. 그런데 당장 가지고 있는 여분이 없어서 사다가 수리해야 합니다. 아니면 내일 다시 와야 해요."

폭염에 고객들을 생각한 친절한 직원은

"당장 사다가 고쳐주세요!"

"아, 그런데 현금을 안 가지고 나와서요. 돈 좀 잠시 빌려주시겠어요. 바로 사서 오는 동안 저희 직원한테 돈 가지고 오라고 할게요."

"얼마 정도 들어가는데요?"

"50만 원이면 넉넉할 겁니다."

"그럼, 먼저 드릴 테니 직원한테 바로 돈 가지고 오라고 해주세요."

직원은 금고에서 오십만 원을 꺼내 주었다.

대충 눈치채셨을 것이다. 오십만 원을 받은 그 기사는 다시는 보이지 않았다. 어이없는 상황이었다. 아니, 점포에서 현금 주고 AS 받는 게 어디 있는가? 사기꾼한테는 이길 수가 없다는 말이 떠올랐다.

"뭐가 씌었었나 봐요…. 죄송합니다."

직원은 고개를 숙였다.

편의점을 하다 보면 별의별 일이 많다. 담배를 사는 척하면서 현금을 훔쳐 가는 사람도 있다. 당하는 사람은 알면서도 당한다고 한다. 점포에서 현금 나갈 일은 없다.

금고 열쇠는 다른 사람에게 절대 맡기지 말아야 한다.

> 발주와 재고관리의 정석
발주를 나눠보자

점주는 모든 발주를 직접 다 한다. 당연하다.

내가 다 알아야 한다. 내가 모르면서 남을 시킬 수가 없는 것이다.

필자는 신입사원 때 계산을 하면서 고객과 대화하고 싶었다. 계산대에 올라가 보니 다음에는 발주를 하고 싶어졌다.

나의 첫 점장은 단계별로 업무를 알려주었다. 청소를 제대로 배우고 나면 그제야 계산대 정리를 알려 주었고, 그 일이 끝나야 비로소 계산을 할 수 있었다. 그리고 나서 한참 뒤에 돈 계산하는 법(중간 입금, 정산, 현금 보고서, 매출 분석 등)을 알려주었다. 매출을 분석하니 객수, 객층, 객단가, 요일별 매출, 주간별 매출 등 많은 것을 알게 되었다.

그런데 정작 상품의 발주는 알려주지 않았다. 한참의 시간이 흐른 후 나에게 처음으로 발주를 알려준 카테고리(상품군)가 워크인에 있던 음료와 주류였다. 술을 적당히 즐기던 나는 술의 특징과 장단점을 잘 알고 있었고, 숙취의 정도까지 꿰고 있었으니 자신 있었다.

시간이 지난 뒤에 알게 된 사실이지만 아주 잘나가는 술을 제외하고는 굳이 박스 재고를 가지고 갈 이유가 없었다. 백룸에 쌓여있는 술박스를 보며 과재고라는 것을 알았다. 굳이 저렇게 많이 가지고 갈 이유가 없었음에도 좁은 워크인과 백룸에 종류별로 1박스 이상의 재고를 가지고 있었다.

적정 재고와 적정 발주를 알아가기 시작했다. 무척 재미있었다.

그러던 어느 날 점장이 불러 스타킹과 여성 생리용품을 발주해보라 했다. 무척 난감했다. 우선 내가 사용하는 상품이 아니기도 하고 부끄러웠다. 아예 관심조차 없었던 상품이었지만 해 내야 했다.

스타킹부터 공부했다. 발목 스타킹, 무릎 스타킹, 팬티스타킹, 고탄력 스타킹 등 여러 종류였지만 의외로 크게 어렵지 않았다. 난관에 부딪힌 것은 다른 여성용품이었다. 날개, 템포, 사이즈가 즐비했다. 낯선 물품과 용어, 사용해볼 수도 없으니 난 그저 데이터를 보고 잘나가는 상품의 이름을 외우고, 그 상품들의 판매 현황을 체크하면서 발주해나갔다.

하루는 점장이 여성용품에 대해 세세하게 설명해 주었다.

이 상품이 잘나가는 이유가 무엇인지, 이 상품의 특성이 무엇인지 등등 (참… 여자 점장님이 남자 부하직원한테 너무 자세한 걸 요구하신다).

그날 기본적인 설명을 들은 후 대강의 정보를 알게 되었다. 그러나 신상품이 나올 때마다 그 상품이 어떤 특징을 가졌는지는 알 수 없었다.

같은 고민을 하던 어느 연세 지긋한 남자 점주의 노하우는 이랬다.

"여성용품은 그냥 결품 나면, 그때 가서 발주하지. 그럼 돼."

그것도 틀린 말은 아니었다.

"점주님 혹시 여직원 있어요?"

"당근 아주 오래 근무한 친구가 있지."

"혹시 발주시키세요?"

"아니, 발주는 내가 전부 다 하지. 믿을 수가 없어서 말이야."

믿을 수가 없다니.

"지금은 SNS 시대입니다. 인스타, 페이스북, 트위터 등등. 젊은 친구들이 더 잘할 겁니다. 그래서 어떤 상품이 유행인지, 뭐가 좋은지 잘 알고 있을 겁니다. 여성용품이라면 오발주 할 확률도 거의 없으니까 발주도, 진열도 맡기시면 그 여직원도 승진한 느낌으로 아주 좋아할 겁니다. 나중에 여성용품의 매출도 확인하시고, 혹시라도 올랐다면 칭찬도 해주시고 맛난 것도 좀 사주시면 사기가 많이 오르지 않을까요?"

"잘하고 있다면 여성 화장품류를 맡기셔도 잘할 겁니다. 물론 잘 되는 경우만 있는 건 아니지만 성공하리라 믿습니다."

그 뒤로 몇 달이 지나고 다시 만난 점주는

"좋아요! 아주 좋아졌어요! 그 친구가 관리하고 나서 진열대도 깨끗해지고, 여성 고객들도 좋아하고 매출도 올랐어요. 이제 여성 화장품까지 다 관리하고 있어요. 그 친구도 아주 좋아합니다. 이제 다른 것도 맡겨보려고 고민 중입니다."

좋은 결과를 이끌어내서 정말 다행이다.

내가 없더라도 점포가 돌아갈 수 있도록 체제를 갖추고, 정확도를 높인다면 그제야 비로소 제대로 된 시스템을 갖추게 된 것이다.

하나를 보면 열을 알 수도 있다. 아주 멋진 점포가 따로 있을까?

팀워크와 서비스가 좋은 점포가 매출이 높을 수밖에 없다.

'멋진' 점포가 되는 길은 어렵지 않다.

> 직원과 손님과의 호흡
노트를 활용하라

우리는 작은 공간의 점포에서 근무한다. 그렇기에 누가 들어오는지, 어느 상품을 사러 왔는지 다 보인다.

음료를 사러 왔는지, 라면을 사러 왔는지, 김밥을 사러 왔는지, 점포에 들어온 뒤 1분이면 다 파악할 수 있다.

고객은 본인이 사려는 상품이 없으면 카운터에 물어본다.

"○○ 없어요?

"○○ 한 개 더 주세요."

"죄송해요. 현재 결품입니다."

"죄송해요. 거기 있는 게 다네요. 더 필요하신가 봐요?"

이런 대화가 오간다. 고객이 무엇을 원하는지 대화를 통해 알아갈 필요가 있다. 편의점은 24시간 영업하는 업태이다. 주인인 내가 24시간을 근무할 수 없다. 최소한 2교대, 많게는 3교대를 해야 한다. 쉬는 날까지 더하면 같은 곳에서 근무하는 직원도 2~3일 못 볼 때도 있다.

우리 점포에서는 야간근무를 내가 직접 하지 않지만 매출은 그 시간 때가 제일 높다. 도대체 누가 뭘 사 가는 거지?

무엇이 부족한지 알 길이 없다. 그래서 점포의 전달 노트 활용이 다른 업태보다 더욱더 중요하다.

우리 점포 바로 옆에 술집이 있다. 이 집은 멤버십으로 운영하는 강남에서도 유명한 고급 룸살롱이다. 오랫동안 근무를 하다 보니 룸살롱의 기도와 친해졌다. 처음에는 두려움에 아는 척을 못 했는데 시간이 지나 대화를 하다보니 옆집 아저씨 같았다. 우리 점포에 늘 와서 김밥이나 담배 외에도 많은 물건을 구매했다. 소중한 단골 고객인 것이다. 지리적으로 가깝기도 하지만 주변의 많은 경쟁점을 가지 않고 우리 매장에 찾아주니 늘 감사하게 생각했다.

그러던 어느 날 퇴근하고 근처에서 친구들과 만나 맥주 한잔하고 지나가는 길에 다른 편의점에서 나오는 덩치 큰 남자를 봤다.

'뭐 다른 데도 이용하겠지.'

그렇게 좋게 생각하고 그날은 그냥 지나쳤다.

며칠 후 난 그 아저씨와 음료수를 함께 마시게 되었다. 아저씨의 무용담을 열심히 들었다. 조직이 어떻고, 자기 보스는 어떤 사람이고, 별로 관심 없는 얘기들… 한참 듣다가,

"지난번 보니까 저쪽 ○○편의점에서 뭐 사 오시더라고요, 우리 점

포에 뭐가 없었나 봐요?"

"아! ○○양주 몇 병 샀지요. 여기 없더라고요. 몇 번 야간근무자들에게 얘기했었는데…."

그 룸살롱은 밤에 영업을 하고, 나는 거의 낮에 근무하기 때문에 그와 마주칠 기회가 그리 많지는 않았는데 오늘은 그 아저씨(일명 기도)가 영업 시작 전 좀 일찍 나와서 준비하는 까닭에, 나와 잡담의 시간을 가질 수 있었다. 듣고 보니 이런 이야기였다.

'○○양주가 가끔 떨어질 때가 있어서, 또는 독특한 양주를 찾는 고

객이 있어서, 그럴 때 ○○ 편의점에서 사다가 그 손님한테 판다고.'

와우! 양주가 한 병에 얼마인가? 그것도 5~6병이면….

우리는 양주를 취급하지 않았다. 잘 팔리는 상품도 아니고 워낙 고가라 가지고 있다가 잃어버리기라도 하면 난처한 일이어서 신경 쓰지 않았다. 그런데 이런 일이 있었다니, 전달만 해 주었어도 내가 듣기만 했어도 하는 안타까운 생각이 들었다.

우리에게 어마어마한 기회 로스(loss)가 생긴 것이다. 저녁 근무자들은 모두 아르바이트생이다. 자기 장사도 아니니 그가 이야기하는 것을 듣고 흘린 것이다. 어린 아르바이트생들이 느끼기에 중요하게 여겨지지 않았던 것이다. 오는 손님에게만 친절하면 된다고 생각했던 것이다.

누구를 탓하겠는가? 내 잘못이다. 노트는 만들어놓았지만 어떻게, 어떤 때에 작성하라는 설명을 하지 않았다.

"혹시 손님이 찾는 것이 있는데 점포에 없으면 꼭 적어놔라."

우리는 이렇게 노트의 첫발을 내디뎠다.

이제는 근무자별로 많은 정보를 쏟아낸다.

"점장님, 오늘 ○○김밥이 5개 들어왔는데 오자마자 독서실 총무가 다 사 갔어요. 내일 또 사 간다네요. 발주 좀 증가시켜주세요."

사소하지만 이런 것이 중요한 정보다.

그 뒤로 별 내용이 아니더라도 무조건 한 줄은 쓰라고 한다.

"점장님, ○○과자 유통기한 얼마 안 남았어요."

내가 미처 발견하지 못한 정보이다.

이제, 이 전달 노트는 다음 점장 또는 점주한테 우리 점포의 메뉴 이력과 비결을 전달해 주는 Guide book이 될 것이다.

이 노트 하나면 인수인계는 다 되는 거 아닌가?

돈 주고도 절대 살 수 없는 귀한 정보 노트!

"바쁘시겠지만 퇴근 전 반드시 자기 근무시간에 있었던 일을 메모 해주세요."

> 발주와 재고관리의 정석

고객의 작은 움직임도 놓치지 마라

추석 명절이 지나고 매출 분석을 시작했다. 작은 흐름까지 놓치지 않으리라 생각하며 시작했지만, 그 작은 흐름을 잡아내기 위해서는 예리한 감각과 숫자에 대한 빠른 파악이 필요했다.

편의점은 상권별로 매출을 분석한다. 사무실(office), 학원(학교), 아파트, 주택, 유흥가 등.

추석 연휴는 국가공휴일이지만 휴무 없이 일하는 근로자도 많다.

강남에 위치한 빌딩 1층의 A 점포는 평소 도시락이 5개 내외 판매되는 곳이다. 출근하는 분들도 거의 없으니 매출이 50% 이상 하락한다. 그런데 연휴에 50% 이상 매출이 하락하는 점포에서 특이점이 발견됐다. 도시락 매출은 300% 이상 상승한 것이다.

점주가 휴무 때의 데이터를 정확히 이해하고 적절히 대응해나간 결과다. 예측력이 현명하신 점주다. FC는 잘 모르고 있었다.

이유는 생각보다 간단했다.

빌딩 전체가 거의 출근을 안 하지만 빌딩을 지키기 위한 경비원, 각

회사 숙직자들, 관리를 위한 엔지니어들은 출근을 하고 있었던 것이

다. 당연히 식사를 해야 하지만 주변 식당은 모두 문을 닫았고, 멀리 나가기도 귀찮으니 결국 1층에 있는 편의점에서 도시락을 구매한 것이다.

경험 많은 점주는 이 상황에 잘 대응해 도시락 발주를 늘리고 재고를 확보한 것이다. 비록 전체 매출이 많이 하락하는 명절 기간에도 매출이 상승하는 상품군이 있다.

벽제 망우리 묘지 주변 점포는 성묘객들로 인해 추석 매출이 100% 이상 최고 300%까지 증가한다. 그렇기에 상권에 맞게 재고 준비를 잘 해야 한다.

한두 해 겪는 일이 아니니 담당 FC와 점주의 경험을 토대로 데이터를 파악하여, 발주를 넣어 재고를 확보해야 한다.

작은 고객의 흐름을 놓치지 않고 대응한다면 매출은 상승할 것이다.

〉 점포 분석과 운영의 묘

비 오는 날

비도 갑자기 와야 우산 매출이 증가한다.

이른 아침부터 비가 오면 우산은 팔리지 않는다.

갑자기 비가 오면 지하철 입구에 어느 사이 우산 판매하는 분들이 나타난다. 어디서 갑자기 나타나는지 놀랍다.

그렇다면 우리도 그들과 같은 대처를 해야 한다.

비가 갑자기 내리면 우산 진열대를 빠르게 점포 입구에 배치한다.

아니면 점포 문 앞에 가져다 놓아도 된다.

조금만 신경 써도 매출을 가볍게 올릴 수 있다.

점장 생활 시(26호점, 혜화점, 본점) 본점의 특성상 고객과 직장 상사, 대표이사까지 신경 쓸 일이 많았다. 그래도 여러 가지 배우며 공부할 수 있어 내게 아주 소중한 시기였다.

그 당시 혜화점 주위에는 혜화여고, 과학고 등 고교 2개가 있었고, 아파트와 주택가, 작은 사무실이 모여 상권이 형성되어 있었다. 바로 앞이 로터리라 차가 많고 복잡했다. 또한 로터리만 지나면 '대학로'였다. 먹거리, 볼거리 많은 생기 넘치는 장소다.

30여 년 전 그 길에는 퇴근 후 동료들과 한잔하며 힘든 하루를 녹일수 있는 림스치킨이 있었다.

다른 곳에서 맛볼 수 없는 치킨을 팔던 곳이다. 얼마 전까지도 불 켜진 모습을 봤는데 지금도 하고 있다면 성공한 집이고, 맛을 인정할 수밖에 없는 곳이다. 장소가 주는 추억이 새삼스럽다.

비 내리는 점심시간이었다. 갑자기 구름같이 몰려든 학생들과 직장인들로 정신없었다. 당연히 발주한 김밥은 다 팔리고 말았다.

그날 저녁 평소와 달리 사람들이 몰려든 이유를 고민했다.

발주만 더 했어도 매출은 더 올랐을 텐데, 도대체 알 길이 없다.

다음 날 혜화여고 국어 선생님에게 그 답을 들을 수 있었다(친구 아버님이 국어 교사였다).

혜화동 사람들과 학생들은 점심을 거의 대학로에 가서 해결하지만, 비가 많이 오는 날은 그 대학로까지 걸어가기 싫다. 귀찮다. 로터리 건너기도 싫다는 이유로 세븐일레븐은 그냥 식당이 되어버린다는 것이다. 김밥도 먹고, 도시락도 먹고, 라면도 먹는….

더구나 토요일 점심시간은 과학고(기숙사 생활) 학생들이 집으로 돌아가는 날이다. 집에 가기 전 삼삼오오 내려와 '세븐'에서 수다 떨며 시간을 보내는 그들의 놀이터인 셈이었다.

　푸드(food) 매출이 오른 이유였다. 결과에는 반드시 원인이 있다. 그
원인을 반드시 찾아서 분석하고 대응하면 우리 점포는 그제야 업그레
이드되는 것이다.

> 상술의 정석
여직원에게 고탄력 스타킹을

역삼동 언덕의 예쁜 점포는 예외 없이 활기차게 아침을 시작하는 직장인들로 북적인다. 커피도 마시고 삼각김밥도 먹고 담배도 사고, 한바탕 난리 같은 아침 장사가 끝나면 꿀맛 같은 휴식 시간이다. 어제의 매출 정리와 매장 정리(보충 진열 등)로 휴식 시간을 편안히 즐기기는 쉽지 않다.

점심시간이 가까울 무렵(원래는 아주 한가한 시간) 여자 고객 두 분이 들어왔다.

한 분은 아침마다 방문하는 단골 고객이었다.

"와우, 많이 사시네요."

"네~ 회사 비품들이에요."

인터넷에서 주문하면 편하고 저렴하게 구매할 수 있는 회사 비품을 편의점에서 구매하니 놀라웠다.

나중에 들은 이야기지만 주문을 미처 하지 못해서 급하게 사러 왔던 것이다. 많은 금액의 물품을 구매했다.

다음날 그 여직원에게 감사의 표시로 커피 한 잔을 무료로 드렸다. 며칠 뒤에는 회사에서 나온 사은품(실은 사은품이 아니고, 내가 점포에서 구매한 최고가의 스타킹)인 고급 팬티스타킹을 드렸다.

'단골손님이시라 감사의 뜻으로 드리는 겁니다.'

자주 오시라는 말도 덧붙였다.

그 이후로 여직원 분과는 친근한 사이가 되었다. VIP 단골 고객이다. 그 뒤로도 각종 회사 사은품 등을 무료로 많이 드렸다. 그러기를 한 달 정도가 지났다. VIP 고객이 부사수로 보이는 여직원과 함께 왔다. 지난번보다 훨씬 많은 양의 상품들을 바구니 가득 담았다.

"사장님 다음에는 미리 말씀드릴 테니까 지금 없는 상품들도 좀 준비해 주세요."

회사 비품을 준비하는 것이었다. 작은 중소기업이라 한 달에 한 번 정도 커피, 차, 휴지 등을 구매한다. 물론 법인카드로 구매한다(여기서 법인카드는 자기 돈이 아니란 뜻). 이제 회사 비품은 무조건 우리 점포에서 구입하기로 했다. 우리는 여기서 최대한 할인도 해주고(해줄 수 있는 거 모두 끌어모아서) 사은품도 듬뿍 준다. 함께 온 여직원도 나중을 기약하며 눈도장을 찍고자 스타킹 2개를 선물로 드렸다.

한쪽은 서비스 받아서 좋고, 한쪽은 매출 올려 좋은 상부상조였다. 정성 담은 작은 서비스로도 단골손님이 늘고 매출로 이어지는 것이다. 마케팅을 거창하게 생각하지 말자. 이 역시 마케팅이다.

'훌륭한 마케팅'은 곳곳에 널려 있다.

> 상술의 정석
한국 사람들이 싫어하는 것

'동방예의지국'

우리는 예의 바른 민족이다.

일본 첫 출장 때 일본인 직원들과 같이 지하철을 탄 일이 있다. 그들 중 한 분은 나이 많은 일본 세븐일레븐 관계자였다. 서서 몇 정거장 갔을 때 앞에 자리가 나서 그분께 앉으시라 권했지만 극구 사양했다.

노인공경이 몸에 밴 국민이다 보니 당연히 연장자인 그분을 앉게 했다. 그날 저녁 식사하며 들은 이야기로는 일본은 우리와 달리 노인에게 자리를 양보하지 않는다 했다. 가까운 나라지만 우리와 다른 문화였다.

일본은 아버지와 아들이 맞담배를 피우는 것이 문제 되지 않는 일상의 문화이다. 한국은 일본과 달리 맞담배를 피우는 것은 예를 갖추지 않는 것이 된다. 오랫동안 생활에 스민 문화여서인지 역시 '우리나라 예절은 세계 1위'라는 따뜻한 생각이 든다.

하지만 언제부터인가 우리나라도 노인이 타도 앉아서 자는 척하거나, 바쁜 척하는 젊은이들을 왕왕 보게 된다. 예전이었으면 일어나라고 했겠지만 이제 못 본척하기도 한다. 젊은 그들도 종일 서서 일하느라 다리도 아프고, 피곤해서 잠이 쏟아지는 고된 하루를 보냈을 것이다. 편의점을 하며 젊은이들의 삶이 녹녹하지 않음을 보았다.

'우리 때에는 낭만이라도 있었지'라는 스산한 감정이 스쳐갔다.

🔒

'고객은 왕이다!'

그렇다. 왕이라고 생각해야 한다. 상식 밖의 이상한 고객이 많지만 참을 수밖에 없다. 유동인구가 많지 않은 동네 장사이기에 싸우기보다는 참는 쪽을 택해야 한다.

간혹 내가 고객이 되었을 때 불친절한 점원을 만나기도 하는데 점주의 입장이다 보니 '나는 저런 행동을 하지 말아야지'하고 다짐하게 된다. 다른 사람의 입장에서 생각하면 답은 어렵지 않게 나온다.

하지 말아야 할 11가지

1. 손가락질하지 마라 : 고객이 뭘 찾는데 손가락질하지 말고, 고객이 찾는 그 제품을 직접 찾아드려라.

2. 잔돈을 바닥에 놓지 마라 : 잔돈이 나오면 반드시 고객 손바닥에 부드럽게 올려드려라.

3. 두 번 이상 본 고객에겐 '안녕하세요.'라고 인사한다. '어서 오세요.'보다 '안녕하세요.'라고 하면 더 친근감이 있다. 나를 알아봐 준다는 생각이 든다.

4. 혹시 뭘 잘못 가져왔어도 고객한테 직접 다시 가져다 놓으라고 하지 말라. '고객님~ 여기다 그냥 두고 가시면 저희가 정리할게요.' '2+1행사 상품입니다. 한 개 더 가져가셔도 됩니다. 제가 가져다드릴게요.'

5. 집에서 기분 나쁜 일이 있었다고 점포에서 드러내지 말라. 여긴 일터이고 서비스하는 곳이다. 기분 나빠도 인상 쓰지 말라.

6. 고객이 묻는데 무시하지 말라. 잘 모르는 사람에게도 친절하게 응대하라.

7. 점포에 다른 일이 생겨 바쁘더라도 고객이 찾으면 중지하고 달려가라. '잠 깐만요~ 잠시만요~.' 하고 자기 일 다 보고 고객을 응대하지 말라. 그 고객 은 벌써 나가고 없을 것이다.

8. 무슨 일을 하고 있더라도 들어오는 고객, 나가는 고객에겐 큰소리로 인사 하라.

9. 고객들은 프로다. 당신의 눈만 봐도 친절한지 불친절한지 알 수 있다. 속 이지 말라.

10. 전자레인지, ATM 등 기기 작동이 서툰 분께는 직접 가서 해드려라. 우두 커니 서 있지 말라.

11. 싫어하는 호칭 : '여기요, 아주머니, 아저씨, 아가씨' 등

> 상술의 정석

화장실이 어디죠?

길을 가다 갑자기 용변이 급할 경우 가까운 건물이나 편의점으로 뛰어 들어가 화장실을 이용하기는 참 어렵다. 다른 것에 비해서 화장실 인심이 좀 박한 편이다. 그럴 것이 고객이 화장실을 이용한 후에 가보면 어이가 없다. 급하다 하여 사용하도록 한 것인데 마무리가 아름답지 않은 사람들이 의외로 많기 때문이다. 대부분 혼자 근무하는 직원에게, 매장을 비운 채 화장실 청소를 시킬 수 없다.

그럼에도 불구하고 우리 점포는 화장실을 꾸미기 시작했다.

우리만큼은 고객이 편하게 화장실을 사용할 수 있도록 했다. 꽃과 장식소품으로 고속도로 휴게실 같은 청결하고 쾌적한 분위기를 만들었다.

마무리가 아름답지 않은 사람이 많다 해도 그렇지 않은 사람이 대다수인 우리나라의 화장실 이용 매너는 세계 여느 나라와 비교해도 높은 의식수준이다.

관리 상태 역시 모범적이라 할 수 있다.

우리 편의점은 지역사회에 큰 신세를 지고 있다. 매출을 올려주는 주민들에게 돌려주어야 한다.

미안한 얼굴과 모기 목소리로

"화장실 좀 사용할 수 있을까요? 정말 급해서 그러는데…"

"고객님, 저희 점포에서는 그렇게 묻지 않으셔도 돼요. 위쪽으로 올라가시면 되고요. 화장실 가시면 휴지도 있습니다. 그냥 편하게 사용하시면 됩니다."

급한 순간에 긴 말을 할 수는 없는 노릇이고, 앞으로는 모든 손님들께 이러한 무언의 분위기를 전해드리려고 한다.

점포에 따라 다르겠지만(상가 2층에 화장실이 위치한 곳도 있다.) 보안상 건물 자체에서 심야 시간에 개방하지 않는 점포도 있다. 그런 부분은 설명을 해드리면 된다.

"고객님 심야 시간에는 건물 보안상 화장실을 이용하기 어렵습니다. 나가셔서 50미터 정도 가시면 놀이터 옆에 공중화장실이 있습니다. 24시간 개방하니 그쪽으로 가시면 됩니다."

대부분은 지저분하게 사용하고, 위험하다는 이유로 화장실 사용을 거부당한다. 진짜 음식점에서 무얼 사 먹던가, 주유소에서 기름을 넣

든가 하지 않는다면, 급해서 뛰어 들어간 빌딩, 커피숍도 사용 못 하
게 하는 경우가 있다.

나의 정서로는 야박하게 느껴진다.

우리는 화장실 청소에 만전을 기했다. 급하게 용무를 마친 고객은

꼭 나가면서 음료수라도 하나 사서 나간다.

"고맙습니다."

그리고 그 고객은 십중팔구 다시 우리 점포를 방문할 것이다.

집안의 청결함을 보려면 냉장고와 화장실만 보면 된다는 말이 있다.

개방된 화장실, 청결하고 위생적인 화장실은 점주와 점포를 다시 보게 할 것이다.

'우리만큼 깨끗한 점포 있으면 나와보라고 해. 우리가 최고다!'

"손님, 필요시 오세요. 묻지 않으셔도 됩니다. 미안해하지 않으셔도 되세요. 언제든지 열려있습니다."

> 직원과 손님과의 호흡

성과를 낼 수 있는 곳에 힘을 쏟아라

규모는 작지만 편의점 운영도 회사와 다를 것이 없다. 점주든 직원이든, 고객이 들어와도 우두커니 서 있거나, 핸드폰을 보거나, 때로는 의자에 앉아있을 때가 있다. 지방 국도변에 있는 점포에 우연히 들렀는데 야전침대까지 카운터 옆에 놓여있는 것도 보았다. 야전침대에서 가족으로 보이는 초등학생이 뛰어놀고 있었다(사정은 있었으리라).

하지만 우리는 고객을 접대하고 맞이하는 서비스업에 종사하고 있음을 명심해야 한다. 요즘 고객은 똑똑하다. 여러 가지 정보를 가지고 있으며, 본인의 취향을 뚜렷하게 드러낸다.

우리는 작은 인원으로 교대 근무하는 형태의 업태이다. 그래서 업무도 할당하고 시간대별 작업도 나누는 것이다. 작은 조직이지만 24시간 영업을 하기 위해선 좀 더 효율적으로 일을 할 수밖에 없다. 때로는 놓치고 가는 일도 있을 수 있고, 같은 일을 두 명이 할 수도 있다.

하지만 작은 조직일수록 업무를 분산해야 한다. 우리의 에너지와 관심이 우리를 변화시킬 수 있으며, 성과를 낼 수 있는 원동력이 될 것이다. 내가 어떤 업무를 진행하는 데 있어 나의 체면 때문에, 내가 점주라는 이유로, 가뜩이나 바쁜 아르바이트생을 동원해서는 안 된다는 것이다.

내 일을 또 다른 근무자가 이어서 하거나, 내가 못 했다고 다음 근무자로 하여금 그 일을 대신하도록 만들어서도 안 된다. 내 근무시간에

해야 할 일은 반드시 끝내고 다음 근무자에게 인수인계해야 한다. 내가 바쁘다는 핑계로, 다른 일 때문에 내 근무시간의 업무를 다음 근무자에게 넘긴다면, 다음 근무자는 본인의 업무도 바쁜데, 점주가 못한 일까지 해야 하는 불공평함을 겪게 된다. 그렇게 되면 팀워크가 흐트러지고 서로에게 불만이 쌓이게 된다.

고객이 제일 많이 오는 시간, 매출이 가장 높은 시간에는 고객에게 집중한다. 또한 피크타임 이전에 준비를 마쳐야 한다. 보충 진열을 완벽하게 하여 볼륨감 있는 점포를 유지하고, 사전 청소를 깨끗이 해서 가장 많은 고객이 입점하는 시점에 깨끗한 점포를 보여줘야 한다.

준비가 다 됐다면 이제 큰소리로 인사하고 고객에 집중하라!

청소는 러시아워 이전에 하는 것이다.

> 상술의 정석
포인트와 할인을 설명하라

우리는 모바일 시대에 살고 있다. 이제 지갑도 사실 거의 안 들고 다닌다. 돈도 필요 없다. 핸드폰 하나면 모든 게 해결된다. 이제 카드로 100원짜리 상품도 구매할 수 있다. 핸드폰에 각종 앱을 깔고 출석 체크도 하고 포인트 판도 돌리고, 설문지 답도 하면서 각종 포인트를 쌓고 그 포인트로 구매 하기도 하며 할인도 받는다.

인터넷 주문은 상품을 싸게 살 수 있는 장점이 있다. 하지만 일정 금액 이상이어야 무료 배송인 곳도 있어 어쩔 수 없이 대량 주문을 하기도 한다.

편의점도 효율적으로 이용하면 저렴하게 상품을 구입할 수 있다.

내가 주로 뭘 구매하는지 데이터 분석을 하면 확인할 수 있다. 그런 고객에게 맞춤형 상품을 소개하고 포인트나 할인을 더 해준다면 굳이 다른 곳에서 그 상품을 살 이유가 없다. 내가 자주 사서 차에 두는 캔디는 ○○편의점에서 1+1 행사를 자주 한다. 그 가격이면 온라인이나 할인점보다 더 저렴하다.

점포에 가서 상품을 구매할 때 사용카드와 통신사에 따라 할인을 받기도 한다. PAY 이용을 유효하게 하면 포인트가 2배로 적립되기도 한다.

1+1, 2+1 행사하고는 다른 이야기이다. 내가 가지고 있는 다른 카드로 더 저렴하게 구매하고, PAY를 이용해서 포인트를 2배로 쌓는다면 대부분 그에 해당하는 것으로 결제할 것이다. 안 할 이유가 없다.

하지만 고객들은 그런 정보를 잘 모른다. 붙여놓은 내용을 일일이 읽고 구매하기도 쉽지 않다. 그 많은 'case by case' 할인정보를 어찌 다 알 수 있겠는가!

판매자가 상품을 스캔하면서 POS에 뜨는 할인이나 적립 정보를 고객에게 읽어주는 것으로 고객에게 정보를 알려 준다. 다행스러운 일이다. 그 카드가 없다면 그만이지만 있다면 당연히 그 카드로 결제할 것이다.

내 핸드폰에 많은 카드와 PAY가 다 들어 있지 않은가. 자주 바뀌는 아르바이트생이 그 많은 행사를 숙지할 수는 없다. 그럼 어찌하는가? POS에 보여주고 읽으라고 할 수밖에 없다. 나는 편의점에 가면 할인 혜택, 포인트 적립 혜택에 대해 알려주고 말해주는 점주를 좋아한다. 저렴하게 구매하고, 혜택받은 느낌이다.

1+1이나 2+1은 원래 가격을 높여놓고 1개 더 주거나 2개 더 주는 느낌이다. 그래서 그냥 정상가격처럼 느껴지기도 한다. 하지만 카드 할인, 포인트 2배 적립 등은 느낌이 다르다.

소비자들은 현명하다. 웬만한 상품의 가격들은 다 알고 있다. 어디가 싼지도 잘 안다. 이렇게 현명한 소비자들에게 눈 가리고 아웅 하면 안 된다. 정확하게 알려주고 정보를 주는 것이 신뢰받는 길이다.

상품의 할인과 포인트 적립을 카운터에서 고객에게 반드시 이야기해 주자.

> 상술의 정석
보고 싶은 최진실

2000년대 초 우리나라에서 가장 인기 있던 배우는 지금은 고인이

된 최진실 씨라고 생각한다. 우리 모두의 동생이고 누나이고 딸이고

연인이었다. 점장 생활할 때 어느 날 점포에 검은색 세단이 멈추었다.

문이 열리자 TV에서만 보던 당대 최고의 여배우 최진실이 나타났다. 주먹만 한 얼굴에서 나오는 빛나는 미소, 나는 워크인으로 뛰어가 상품 정리를 하던 직원을 불렀다.

"○○씨, 좋아하는 최진실이 왔어!"

"에이, 점장님은 거짓말도 잘하세요!"

"참 나, 진짜라니까? 빨리 나와 봐."

직원은 내 눈빛을 보더니 빠르게 뛰어나왔다.

하트가 쏟아지는 눈으로 자기가 계산할 테니 나와 달라 했다.

성격상 연예인이라도 아는 척하며 사진을 찍거나, 사인을 받지 못하는 나와 달리 배우의 열혈 팬인 직원은 다가오는 최진실 씨를 향해 미소를 감추지 못하며 계산을 했다.

"최진실 씨 맞죠? 제가 엄청난 팬입니다."

상품을 큰 봉지로 2개나 구입했다. 꽤 많은 금액이었다. 계산 후 직원은 재빠르게 카운터에서 내려오더니 최진실 씨가 들고 있던 2개의 큰 봉지를 뺏으며 자기가 들어주겠다고 했다.

물건이 가득 찬 2개의 봉지를 들고나가 차에다 실어주고 90도로 인사까지 한다.

그러고는 들어와서 "점장님, 저 악수하는 거 보셨죠? 와우 이 손을

125

어쩌지?"

"회사 대표님이 오신 줄 알았네. 다른 고객한테도 좀 그렇게 친절하게 하지."

농담 섞인 말을 했다.

세상 어느 직원이 저렇게 친절할까? 자연스러운 미소와 부드러운 말투, 구매한 상품까지 차에 실어주는 저 서비스 정신. 물론 그 직원은 정말 내가 같이 일해 본 직원 중 서비스 정신이 타고난 친구였다. 그 친구를 보며 '서비스도 선천적이다.'라는 생각을 했다.

그 뒤로 최진실 씨는 우리 점포에 1주일에 한 번은 들러서 많은 매출을 올려주었다. 그때마다 우리 직원은 적게 구매하든 많이 구매하든 꼭 바깥까지 배웅하며 인사했다. 그 직원의 친절로 우린 당대 최고의 연예인을 단골로 두고 대화도 하는 사이가 되었다.

이제는 우리 기억 속에서 점차 잊혀 가고 있지만, 차 문을 열어주면, 감사하다고 인사하던 여배우의 겸손한 미소가 아직도 잊히지 않는다.

보고 싶다. 최진실!

서비스 정신도 훈련이다.

> 발주와 재고관리의 정석
24시간 연계 진열

앞에서 설명해 드린 대로 편의점에서는 푸드가 가장 중요한 상품군임이 틀림없다. 하지만 푸드는 폐기 발생이 쉬운 상품이기 때문에 손실이 날 수도 있다. 발주가 상당히 까다로운 상품이다. 하지만 이제 편의점도 슈퍼나 대형마트처럼 시스템 적용으로 유통기한 임박 상품을 할인해서 판매할 수 있으니 그 시스템을 이용하면 폐기는 적정하게 줄어들고 매출과 이익은 증가할 것이다.

푸드는 종류도 많아서 우리 점포에 어떤 제품이, 어떤 가격대가 좋을는지는 많은 시행착오를 겪어야 알 수 있다.

삼각김밥의 예를 들어보자.

삼각김밥은 90년대 초반 세븐일레븐에 최초 도입된 후 지금까지 편의점의 핵심 품목으로 자리 잡고 있다. 한동안 담당하던 코엑스점에서 하루 1천 개 판매 기록을 세우며 일본 도쿄 방송국과 인터뷰를 진행했던 기억도 있다. 초등학생들의 간식 1위 상품이기도 했으며, 롯데

리아 햄버거 매출 하락의 원인 중 첫 번째가 편의점 삼각김밥을 얘기할 정도였다.

삼각김밥은 밥 안에 여러 가지 내용물을 넣고 김으로 싸서 판매하는 상품으로 저렴한 가격으로 밥을 먹을 수 있는 편의점의 효자 상품이다.

여러 종류 중 참치가 들어있는 '참치 삼각김밥'이 베스트 상품이다. 베스트 상품이란 매출이 상위 20% 내에 위치한 A군 상품을 말한다. A군 중에서도 손가락 안에 꼽는 상품으로 발주에 신경을 써서 결품을 방지해야 한다. 하지만 푸드의 특성상 유통기한이 짧기 때문에 결품

을 방지하고 발주하기가 상당히 어려운 상품이다.

그러나 잊지 말아야 할 원칙이 있다.

고객이 찾고 구매하는 1위 상품이라면, 언제든지 진열대 위에 있어야만 한다. 하위권 상품이라면 모를까 1위 상품이라면 어느 시간대에도 없어서는 안 된다. 그래야만 고객 만족도가 단골 고객 이탈 방지, 매출과 이익으로 이어진다. 다시 말해 24시간 문을 열고 장사하는 점포라면 24시간 언제 가도 그 상품은 있어야 한다는 이야기다.

반대로 얘기하자면 약간의 폐기도 감수해야 한다. 잘 판매되는 상품을 결품 낸다면 고객 이탈, 매출 하락의 원인이 될 것이다.

아주 오랜 기간 잘 팔리는 상품(스테디셀러)인 새우깡을 결품 낸 것과 같은 효과를 나타낼 것이다.

결론은 유통기한이 짧아 관리가 어려운 푸드지만 판매 1위 상품이라면 조금 넉넉하게 주문해서 재고를 가지고 가는 게 유리하다(넉넉한 발주로 매출 증가가 폐기 등의 손실 부분은 상쇄하고도 남는다).

매출 효자상품은 24시간 언제 가더라도 반드시 진열되어 있어야 한다.

> 점포 분석과 운영의 묘

수시로 변화를 주자

과거 수십 년간 백화점의 메인이었던 1층 구두 코너가 다른 층으로 쫓겨나고, 쇼핑 문외한인 40~50대 남성들을 위한 상품 존(zone)이 생겼다. 이제 규칙은 없다. 고객은 변화된 모습에서 새로움을 느끼고 재미를 느낀다. 이제 재미없는 매장은 방문하지 않는다. 하지만 그 재미도 그리 오래가지 않는 것이 현실이다.

현실이 이러한 데 겨우 20평 내외의 점포에 얼마나 많은 변화를 줄 수 있을까? 본사에서는 일 년에 2번 정도 계절에 맞는 신상품 도입 계획을 세우고 상품 전시회를 개최한다. 신상품이 고객의 눈에 '재미'로 보이기 위해서는 상당한 묘수가 필요하지만 현실은 쉽지 않다. 신상품 도입의 일정도 있고 도입이 안 될 수도 있으며, 점포별로 도입률도 천차만별이니 고객은 변화를 알아차릴 수가 없다.

백화점처럼 한 층을 통째로 바꾸지 않는 한 변화는 미미하니, 매일 가는 편의점에서 점점 재미를 잃어갈 수 있다. 어쩔 수 없이 작은 점

포에선 발 빠르게 신상품을 도입하고 상품 위치와 진열 Face를 조절해 가는 것이 가장 좋은 방법인 듯하다. 이제 역발상적인 아이디어를 내 본다.

귀찮은 일이 될 수도 있지만 과자 진열대와 라면 진열대를 바꾸고 생활용품과 일반식품 진열대를 바꾸어 본다. 편의점의 오랜 경력을 가진 분들은 아마 이런 제안에 부정적인 반응을 보일 것이다.

오랜 기간 축적된 데이터에 근거해서 짜놓은 표준 레이아웃(lay-out)

이며, 연관성 있는 상품끼리 모아 진열하고, 매출에 따른 진열과 Face 선정 등 다수의 경력자가 오래전부터 짜놓은 레이아웃이니 의아할 것이다. 하지만 매장에서의 작고 재미있는 변화를 이제는 시도해볼 필요가 있을 듯하다.

자주 오시는 고객들은 '어? 이거 어디 간 거야?'라고 할지 모르지만, 당황도 잠시, 새로운 모습에 신선함을 느끼게 될 것이다. 이제 편의점은 노래도 해야 하고, 예능도 해야 하고, 연기도 해야 하는 만능 탤런트다. 복합예술인이어야 하는 것이다.

다양한 변화로 상권에 맞는 레이아웃과 서비스가 필요한 시기이다.

좀 더 연구한다면 '슬세권'에서 선두가 될 수 있는 편의점으로 다시 태어날 것이다.

서점이 될 수도 있고 카페가 될 수도 있고, 빵집이 될 수도 있다. 편의점은 이제 동네의 주민들에게 필요한 모든 서비스를 할 수 있어야 한다.

천편일률적인 매장과 상품을 고객은 더 이상 원하지 않는다.

> 상술의 정석

맛보게 하자

편의점은 Food 상품의 매출 구성비가 높다. 먹거리를 파는 곳으로 지속적으로 성장해나갈 것이다. 고객으로 점포에 매일 가는 나는 직업 특성상 다양하게 구매하고 먹어본다.

점주들은 폐기가 나오는 제품을 먹을 것이다. 일일이 사서 먹기 어려운 부분도 있을 것이고…. 고객들도 신상품이 나오면 구매할까 말까 망설인다. 더구나 신상품이라면 구매하기까지, 확신이 들 때까지 상당히 고민할 것이다. 마트나 백화점에 가면 '시식'을 한다. 자신들의 신상품 또는 행사 상품을 소비자로 하여금 맛보게 하여 구매를 유도한다.

물론 홍보나 마케팅 전략인 것이다. 편의점에도 이런 마케팅 전략이 필요하지 않을까 생각

133

한다. 하지만 1인이 근무하는 체제에서 시식은 상당히 귀찮고 어려운 일일 것이다. 더구나 비용도 만만치 않을 것이다.

매일 하는 것은 아니지만 유명한 S 커피숍에서도 시식 행사를 하기도 한다. 간혹(운 좋게) 테이블 위에 Cake를 작게 커팅하여 올려놓고, 주문 고객에게 시식 기회를 준다. 대부분 신상품이다.

업체에서 편의점에 신상품을 납품하려면 각종 장려금과 행사비를 내야 한다. 언젠가 나는 한 업체 대표의 위치에서 담당 MD에게 장려금 대신 점포에 신상품 한 개씩 무상으로 제공했다. 점주들에게 시식 부탁을 한 것이다. 납품업체의 첫 고객인 점주들이 직접 먹어보고 반응이 좋으면 많은 점포에 진열이 될 것이고 더불어 고객들에게 노출되는 기회가 많을 것이다. 신상품 홍보까지 일석이조의 효과이다.

그렇게 많은 점포에 점주들이 시식하고 발주한다면 도입률도 상당하리라 본다. 매주 쏟아져 나오는 푸드로 인한 폐기로 스트레스가 많았을 것인데, 시식 후 발주는 스트레스는 줄이고 매출은 증대시키는 좋은 방안이 되리라고 본다.

업체로부터 돈을 받고 신상품 거래를 하며 장려금, 행사비 등 회사 수입을 올리면서 점포에는 왜 신상품 도입을 안 하느냐고 윽박지르는 본사가 있다면 고민해 볼 필요가 있다. 물론 납품업체와 타당한 방법을 찾아서 실행해야 한다는 전제다. 점포에서 발주가 증가한다는 것은 매출이 상승한다는 이야기이기도 하다. 어떤 때에는 납품하려고 준비한(만들어놓은) 상품의 재고가 남을 때도 있다. 그럴 때는 점포 시식용으로 점포에 제공하고 싶지만 본사 물류비 부담으로 부정적이다. 물류비용만큼 매출이 올라간다면 해볼 만한 일 아닐까?

편의점은 신개념의 마켓이다. 도전해 보자.

> 점포 분석과 운영의 묘
고객이 발길을 끊을 때

편의점은 최소 1주에 한 번 정도는 들르게 된다. 자주 가기에 주인이 누군지, 점포는 어떤지, 어디에 무엇이 있는지 알 수 있다. 우리 동네엔 나이 많은 아주머니가 있는 점포와 젊은 사람이 운영하는 점포가 마주 보고 있다. 나이 많은 아주머니가 운영하는 점포는 복잡하고 청결함이 부족하다(연세가 많으니 일은 더 힘들 것이고 깜박하고 놓치는 것도 많으리라). 하지만 멀리 가야 하는 번거로움으로 찾게 된다. 길 건너 점포가 훨씬 깨끗하고 좋은 매너를 갖추고 있지만 점포 위치가 가깝다 보니 어쩔 수 없는 이용이다.

젊은 사람의 점포는 건너편 점포보다 규모가 작아 상품 종류가 한정적일 수밖에 없다. 하지만 아파트 상가에 위치한 두 점포는 주부들도 방문하고 있기에 반찬 등의 구색을 갖추려고 노력한다. 과일, 반찬, 채소가 다른 지역 점포들보다 더 많이 진열되어 있기도 했다.

어느 날 운전하며 신호 대기 중 맞은편 점포에 변화가 생긴 것을 보

136

앗다. 카운터 옆에 있던 아이스크림 무인점포를 없애고 점포를 확대한 것이다. 없던 시식대가 생기고 상품 종류가 증가했다. 점주와 안면이 있는 사이니 나의 편의점 경험을 알려준 후 대화를 해 보았다.

그 점주님이 맞은편 점포에 가장 부럽게 느낀 것은 점포 밖 파라솔에 앉아있는 고객들과 다양한 상품 구색이었다고 했다. 다들 길 건너로 가시니 얼마나 속상했을까? 그 점주님은 과감히 점포를 확대할 계획을 6개월 정도 전에 세우고 작업을 했다고 한다.

고객에게 제일 큰 영향을 주는 것은 상품과 근무자이다. 내가 사고 싶은 상품을 찾아서 근무자에게 계산을 하고 근무자와 약간의 대화를 하고 점포를 나온다. 자주 가는 점포이기에 시간이 지나면 익숙함에서 오는 지루함이 따른다. 그때부터는 다른 채널을 찾아 나선다. 집에 오는 전단지를 따라 슈퍼에도 가보고 동네 할인점에도 간다. 물론 온라인 쇼핑몰도 이용한다.

고객의 이탈을 줄이는 방향은 편의점이 가격이 비싸고 상품 종류가 적다는 인식을 불식시키는 것이 중요하다. 번거롭게 멀리 다른 곳까지 가서 상품을 구매하지 않게 된다. 상품의 변화가 다른 업태보다 빨라야 한다. 남들보다 빠르게 대응하는 편의점이어야 한다. 그런 변화를 이루지 못한다면 고객은 발길을 돌릴 것이다. 좀 멀어도 다른 곳을 이용하게 될 것이다. 그렇게 고객은 서서히 줄어들 것이다.

137

고객의 이탈을 막고 유치하기 위해서는 최대한의 변화를 모색해야 한다.

본사에서는 모든 초점을 고객에게 맞추어 상품개발을 해야 한다. 어떻게 하면 잘 팔 것인가가 중요한 포인트다. 팔기 위한 전략을 진심과 성심으로 세운다면 점주도 고객도 외면하지 않을 것이다.

외면당하고 있다면 그것은 진심이 없기 때문이다.

> 점포 분석과 운영의 묘

고객의 관심은 '상품'이다

점포에 문을 열고 들어오는 고객들은 상품을 구매하기 위해 온다. 담배를 구매하기도 하고 음료수나 김밥을 구매하기도 한다.

가까운 위치에 있는 점포를 이용하는 것이 편하지만 조금 멀더라도 선호하는 편의점에 가는 고객도 있다.

이른바 충성고객이다. 충성고객이 많은 점포는 매출도 높다.

충성고객이 많다는 것은 청결, 서비스 등의 기본적인 Base를 갖추고 있는 점포라는 뜻이다.

청결, 서비스 등 기본적인 것의 레벨이 낮은 점포는 매출이 지속적으로 하락하게 된다.

기본적으로 고객에 대한 최소한의 예의를 갖춘 매장이라면 다음으로 중요한 부분이 '상품'이다. 고객이 원하는 시간에 원하는 상품을 구비하고 있어야 한다.

하지만 그것이 얼마나 어려운 일인가? 우리 점포에 방문하는 고객

139

들의 취향을 다 알아서 미리 준비해놓아야 하니 AI(인공지능) 서비스
를 구축해서 할 수도 없는 일일 것이다. 이제 우리는 최대한 많은 고민
과 예측을 해서 발주를 하고, 상품을 구색에 맞춰 진열하여 고객이 구

매하기를 기다려야 한다. 자주 오는 고객들에게 한 달이건 두 달이건 천편일률적인 점포의 모습만 보인다면 그 점포는 담배만 사러 가는 담배 가게로 전락하고 말 것이다. 점포 근무자들은 효과적인 Face-up focus를 맞춰야 한다.

신상품을 발주하고, 진열 위치를 바꾸고, 가격표나 홍보 태그를 부착하고, 상품이 팔리면 다시 보기 좋게 진열하는 등 관심을 쏟으면 상품에 '신선함'이라는 옷을 입힐 수 있다.

혼자서 전 품목에 관심을 갖고 대응하는 데는 어려움이 따르기 때문에 근무자들이 조금씩 나눠서 관심 분야를 정하고, 각 담당자들이 발주하고 진열하며 조정해 나가는 것이다.

주의할 점은 판매자가 상품군을 전체적으로 생각해서는 안 된다. 고객은 상품을 한 품목 한 품목 단품으로 보기 때문이다.

관심과 분석 그리고 가설에 의한 발주, 진열 등이 반복되면서 그 상품은 잘 팔리게 될 것이고 담당자는 그 상품에 대해 깊이 있게 알 수 있게 될 것이다.

고객의 관심은 오로지 상품에 있다.

근무자들도 오로지 상품에 관심을 두고 근무하는 것에 집중하자.

> 점포 분석과 운영의 묘
더러워서 마시기 싫어

일본 세븐일레븐 원두커피가 스타벅스 판매량을 넘어섰다는 기사를 읽은 적이 있다. 실제 점포에 가보면 기본적으로 두 대는 운영하고 있으니 그 파워가 대단하다.

우리나라 편의점도 언젠가부터 앞다투어 커피머신을 설치하고 운영 중이다. 저마다 좋은 기기와 좋은 원두임을 홍보하고 있다. 우리 회사 앞에도 여러 편의점이 있어 가끔 커피를 사러 간다. 커피머신의 청결은 무엇보다 중요하다. 커피 추출구나 슬러지 뚜껑이 지저분하면 커피를 마시고 싶지 않을뿐더러 점포에 대한 신뢰도가 떨어진다.

언젠가 커피머신에 관한 의견을 본사에 제시한 적 있다. 일본 편의점의 커피가 많이 팔리는 것은 커피전문점의 커피 맛을 거의 완벽히 재연했기 때문이다. 상당한 시간을 기계 개발과 원두 개발에 쏟았을 을 것이다.

유명한 일본 라면 가게 라면을 컵라면으로 만들기 위해 거의 1년을

연구했다는 이야기를 들었다. 결과는 출시된 이후 엄청난 수량이 판매되었다.

자동 커피는 기기 청소와 원두, 물의 온도와 양에 따라 그 맛을 좌우한다. 필자도 베이커리 카페 로드숍 론칭을 하면서 공부했기에 기본적인 것은 알고 있다. 남자가 내려주는 커피가 더 맛있다고 어느 전문가분이 말씀 해주셨다. 템퍼를 누르는 힘이 강한 이유라 했다. 이유를 듣고 나니 남자가 만들어주는 커피를 기대하게 된다.

　단골로 가는 T 커피숍에는 여러 근무자가 있는데, 그중 나이 지긋하신 경력 오래된 여자분이 내려주는 커피가 가장 맛있다.

　이유가 반드시 정답이라고는 할 수 없지 싶다.

　편의점은 커피머신을 청소는 할까? 매일 하기는 할까? 하는 의문이 든다. 가정용 전자제품 렌털회사처럼 주기적으로 전문가가 점검하고 관리하면 어떨까?

　'우리 커피는 전문가의 손길이 미치고 있습니다.'

　적은 비용으로 고객의 시선을 커피머신으로 돌릴 수 있는 홍보 효과를 기대할 수 있으리라 생각한다.

144

　한국의 1인당 커피 소비량은 세계 평균의 2.7배에 달한다. 지금 이 시간에도 꾸준히 증가하고 있다. 커피 소비량이 많다 보니 맛있고 스페셜 한 커피를 찾는다.

　커피가 잘 팔리고 관리가 잘되면 덩달아 다른 상품도 많이 팔리지 않을까 싶다.

> 발주와 재고관리의 정석

발주가 제일 어렵다

누구나 공감할 부분이다.

상품을 주문해서 점포에 진열해야 상품이 팔려나가고 매출이 일어난다. 상품이 아예 없거나 발주를 잘못해서 재고가 떨어지거나, 폐기가 많이 나서 소극적인 발주를 한다면 매출은 하락할 것이고, 고객은 점점 감소할 수밖에 없을 것이다.

발주의 형태

1. 일률적 발주: 여러 종류의 상품을 매일 같은 숫자로 발주하는 형태(A, B, C 상품 : 2, 2, 2개씩 총 6개 발주) _ 가끔 주말에 고객이 증가하므로 2, 2, 2를 3, 3, 3으로 증가 발주함. 비가 온다는 예보가 있을 땐 1, 1, 1로 축소 발주하는 형태

2. 결과 발주: 폐기가 된 수량을 보고 발주량을 조절하는 형태 _ 3, 3, 3개 발주했는데 폐기가 1, 2, 3개 발생 시 다음날 발주는 2, 1, 0으로 발주함. 발주가 계속 줄면서 매출은 당연히 하락하며, 폐기도 발생함. 계속 발주 수량이 줄면서 결국은 1, 1, 1로 축소 발주됨.

3. 감정발주: 발주자가 선호하는 상품은 발주를 증가하고, 기피하는 건 축소하거나 발주를 안 하는 형태 _ 발주자의 성향에 따른 감정발주가 있으며, 경력이 짧을수록 감정발주를 많이 하게 됨.

4. 진열발주: 기본적으로 진열공간을 채우기 위해 발주하는 형태 _ 무조건 진열공간을 채우기 위해 상품의 종류 및 판매량 구분 없이 발주하는 형태.
과다한 폐기가 발생함.

5. 가설발주: 앞으로 발생할 상황에 대한 예측과 과거의 데이터에 기반한 폐기 예상 등을 고려한 발주가 가장 이상적인 발주이지만 정답은 없으니 매일매일을 고민하고 체크하여 발주해야 함. 상품의 판매 흐름과 오전, 오후 날씨 변화, 주말, 주중 등을 최소한 고려하고 고민하여 발주해야 함.

상기와 같이 여러 가지 형태의 발주가 있다. 하지만 발주의 정답은 있을 수 없다. 때로는 결품도 경험하고 과다한 폐기도 경험해가며 적정 발주를 찾아야 한다. 근무자가 고민하고 발주하고, 진열에 신경 쓰고, 판매 자료를 검증하는 사이클이 계속된다면 폐기는 최소화되고 매출은 증가하여 점포의 이익은 극대화될 것이다.

> 발주와 재고관리의 정석

가장 기억에 남는, 그날들

편의점 업계에 종사하면서 가장 기억에 남는 순간이 언제냐고 물어보시는 분들이 많다. 잠시 주마등처럼 짧은 잔상들이 머릿속을 스친다. 이 업종을 선택하고 첫발을 내딛던 그 순간부터의 크고 작은 기억이 산발적으로 떠오른다. 생각하고 싶지 않은 악몽 같은 기억, 곱게 간직하고 싶은 기억, 하나같이 소중한 경험이었다. 그런 것들이 모여 결국 '나'를 만드는 이치이기에 어느 하나 가벼이 여길 수는 없을 것 같다. 굳이 가장 기억에 남는 순간을 꼽으라면, '2002 한일 월드컵'이 아니었을까 싶다.

뜨거웠던 그 해 여름은 내게 가장 혈기왕성한 인생의 전반전이었다. 서울시청 앞 광장, 무교동, 종로, 인사동까지 응원으로 채워진 월드컵이었다. 국내뿐 아니라 전 세계가 축구 열풍으로 들썩였다. 뜨거운 열기와 함성 속에 운집한 수많은 인파에게 먹을 것과 필요한 물건을 판매하기 위해 나는 현장에서 본사 직원들과 같이 점포 지원을 하며 뛰어다녔다. 무엇이 얼마나 팔릴지 몰랐고 또 얼마나 많은 사람들이 모일지 전혀 몰랐기에 회의를 반복하며 준비했지만 역부족이었다. 나름대로 치밀하게 준비한 재고 물량은 첫날부터 순식간에 동이 났다. 본사에 긴급 배송을 요청했지만 넘치는 인파로 배송 자체가 불가능했다. 첫 게임은 그렇게 텅 빈 매장을 보며 아쉬움을 달래야 했다. 16강을 넘어 8강에 진출하고 급기야 4강까지 올라갔을 때 우리는 또다시 시행착오를 겪을 수밖에 없었다. 불행하게 나는 우리나라 경기를 거의 보지 못했다. 거대한 인간 파도가 내뿜는 탄식과 환호로 들었을 뿐이다. 그렇게 많은 사람을 본 것은 태어나서 처음이었다.

"신문 있어요?"

평소에는 기껏해야 스무 장 안팎으로 팔리는 신문이 눈 깜짝할 사이다 팔리고 계속해서 신문을 찾는 사람들이 들이쳤다.

'무슨 사고라도 터졌나? 도대체 축구 경기를 보러 와서 왜 신문을 찾는 거지?'

원인은 경기 시작 전 현장에서 알 수 있었다.

신문의 용도는 '사건'이 아니라 돗자리(신문지 모자로도 사용)였다. 따지고 보면 아스팔트 응원단들에게 가장 필요한 물품이었을지도 모른다. 전광판 아래 좋은 자리를 선점하기 위해 낮부터 몰려들었고, 경기가 시작되면 돗자리로 변신하는 것이었다.

우리는 다음날 신문 수백 장과 간이 돗자리를 준비했다. 역시 준비한 모든 물품이 팔려나갔다. 본사 직원들까지 총동원되었지만 작은 점포의 규모로는 한계가 드러났다. 인원의 문제가 아니었다. 한국이 16강에 진출한 이후부터는 시청광장 주변에는 어마어마하게 많은 장사꾼들도 모여들었다. 우리도 냉동차를 늘려

배치했다. 몇천 개의 삼각김밥이 순식간에 사라지고 맥주는 트럭 한 대 분량을 훌쩍 넘겼다. 아직도 당시의 '무교점' 판매 기록은 깨지지 않고 있을 것이다.

경기가 시작되면 편의점은 오히려 한산했다. 우리는 아무도 움직이

지 않을 때 상품 정리와 점포 정리를 했다. 전반전이 끝나자 인파는 다시 밀려들었다. 맥주와 삼각김밥, 아이스크림, 과자 등 거의 모든 물건이 불티나게 팔려나갔다.

후반전이 시작되어야 우리는 휴식을 취할 수 있었다. 휴식을 짧게 끝내고 경기 종료 후를 대비해 또 다른 '전투'를 준비해야 했다. 연장전과 승부차기 승부도 많았던 월드컵이었다.

16강, 8강, 4강. 온 국민을 하나로 뭉치게 한 2002년 월드컵은 다시 생각해도 감격이 밀려온다.

너 나 할 것 없이 '대한민국'을 외쳤다. 모두가 붉은 악마였다. 자동차 경적을 등에 업고 거대한 물결이 움직이기 시작했다. 우리 지원 근무자들도 모두 그 대이동과 함께 종로로 자리를 옮겼다. 지금 생각하면 무슨 '특수부대'를 방불케 했다.

인파가 썰물처럼 빠져나간 늦은 새벽이 되면 파김치가 된 우리 직원들은 그제서야 포장마차(인사동)에서 국수 한 그릇으로 허기를 채울 수 있었다. 지금도 그 국수 맛은 잊을 수가 없다. 너무나 행복하고 맛있는 날들이었다.

인생의 전반전을 치르던 그 시절, 우리가 먹은 것은 국수만은 아니었을 것이다.

151

열쇠

둘

본사의 마인드
Support와 정책

> 상생의 길
편의점은 Human Bussiness이다

어떤 사업도 마찬가지지만 편의점은 특히 사람과의 관계가 중요하다.

FC와 점주, 점주와 고객, 점주와 아르바이트(메이트). 모든 것이 사람과 사람의 관계다. 관계가 흐트러지기 시작하면 점포는 순식간에 망가지게 된다. 점주와 관계가 좋지 않은 FC는 그 점포를 상대로 어떤 지도도 할 수 없을뿐더러, 점포 방문을 꺼리게 된다. 점주와의 관계를 잘 유지하고 첫 단추를 잘 끼워야 서로 유연하게 일할 수 있다.

점주와 가족 대소사에 메시지를 전달하는 것은 사소하지만 친분을 쌓을 수 있는 좋은 방법이다.

점주들이 모든 재산을 투자해서 시작한 편의점이다. 경험도 없거니와 성격상 인사조차 할 수 없는 초보자가 대부분이다.

업무적인 이야기보다 소소하지만 따뜻한 말과 관심으로 시작하고 도움을 준다면 점주는 그 FC를 배신하지 않는다. 혹여 잘못된 일이 있어도 너그럽게 넘어가 준다. 본사가 강조하는 상품의 발주나 판매도 FC의 얼굴과 체면, 승진을 위해 적극적으로 도와준다.

하지만 관계가 좋지 않을 경우에는 적극적인 행동을 기대하기 어렵다.

"내 가족이 점주고, 내가 먹고사는 생존의 문제다."라는 마음가짐으로 점주들을 대하고 방문하는 마음을 가지는 것이 중요하다.

때때로 근무자가 없을 때 점포 일을 도와주고, 상품이 없을 때 옆 점포에서 빌려서 가져다주는 FC에게 고마움을 느끼지 않는 점주는 없다. 우리는 정으로 살아온 한국인이다.

매출이 오를 때 더 자주 방문해서 상품 재고를 확인해 주고, 매출이 하락할 때 특판이라도 받아서 매출로 등록해 주자. 홍보를 위한 판촉물을 얻어서 지원도 해주고, 아르바이트생을 못 구해서 힘들어할 때 적극적으로 구인도 해주고, 인근 점포에서 지원도 해주자. 어려울 때 받은 도움이 오래도록 기억에 남는다. 내가 정성껏 가족처럼 대하고 도와준다면 본사와 점주와의 관계는 계약기간 내내 원만하게 이어질 것이다.

FC는 회사를 대표하는 포지션이다. 점주들을 만나야 하고 지도해야 하는 어려운 직책이다. 일면식도 없는 사람과 처음 만나 지도하고 가르친다는 것은 쉽지 않다.

더구나 대부분의 점주들은 FC보다 연령대가 높은 분들이 많다. 아무리 이야기와 설명을 해도 잘 못 알아들을 때도 많다. 반복적으로 이야기 해야 한다. 전화와 노트를 이용하는 방법도 있다. 점주들의 성향에 맞게 지도와 안내 방법을 다양하게 꾸려야 한다.

20대든 50대든, 전직 회사원, 전직 자영업자 등 직업, 나이, 성별 구분할 것도 없이 다양한 분들이 편의점을 시작한다.

우리도 좀 더 다양한 기법을 가지고 점주들과 커뮤니케이션을 이어 나가야 한다. 양보하고 이해하는 관계를 형성해 간다면 점주는 분명 예상보다 많은 수익을 창출할 것이다.

본사와 점주, 모두 Win Win하는 관계를 만들자. 신뢰를 구축하자.

편의점은 Human Business이다.

> 발주와 재고관리의 정석

콘돔 사건

세븐일레븐 대표가 일본인으로 바뀐 뒤로 정신이 없었다. 그 1년 동안은 쉬는 날 없이 일했다.

명동을 중심으로 하는 담당 팀장인 나와, 한국에 연고가 없는 일본인 대표.

일본인 대표는 아침 출근길에 점포를 점검하고 출근했다. 토요일, 일요일 약속이 있어도 항상 점포를 한 군데는 꼭 들러서 본인이 지시한 내용을 확인하고 점검했다. 숨이 막힐 지경이었다. 대표가 확인한 점포를 내가 방문하지 않으면 월요일 아침 회의 시간에 대표와 그 점포에 관해 이야기하는 건 불가능했다(혼날 수밖에, 물론 보고 와서 대처해도 혼났지만…).

워낙 경력이 출중한 대표라 그가 다녀온 점포에 내가 단순히 전화로 확인하고 대표를 만나는 것은 무리였다.

콘돔 사건

🔑

　지금 생각하면 가족에게 무척 미안하다. 일에 몰두해 가족과 함께 한 시간이 거의 없었다.

　아내의 소원은 소박했다. 온 가족이 TV 앞에 앉아 새해를 알리는 보신각종소리를 들으며 희망찬 한 해를 소망하는 것이었다.

　편의점 근무 15년 동안 단 한 번도 12월 31일에 집에 있어 본 적이 없다. 종로 점포에 나가 진두지휘했던 기억밖에는….

　어느 날 이른 아침에 대표의 호출이 있었다.

　"스킨 발주를 늘리고 확대 진열하세요. 이제 곧 여름 휴가철이 시작됩니다."

　여러 팀장들과 모여 대책 회의를 시작했다.

　'여름철에는 남성 스킨이 잘나가니 고객들 눈에 잘 띄게 하라.'는 지시가 떨어졌다. 미도입 점포를 확인하고 좋은 위치에 진열하자.

　그 당시만 해도 일사불란한 움직임이 있었고, 전체적으로 파이팅 넘치는 분위기였다.

　나는 대표가 아침마다 방문하는 점포를 일일이 확인하여 스킨 발주를 증가시키고 진열을 3 FACE(3줄)로 늘렸다.

　'여름철 스킨'이라는 고지물도 부착했다.

발주도 전체적으로 2배 이상 증가했다. 모든 준비는 잘 되었다.

날씨를 예상하고, 고객의 흐름도 분석하고, 단품 관리를 훈련받으며

우리는 편의점을 철저히 배워가고 있었다.

그렇게 며칠이 지난 뒤 출근하자마자 다시 대표의 호출이 있었다.

"왜 지시를 따르지 않느냐? 스킨 발주를 증가하라고 하지 않았는가?" 불호령이었다.

입에서는 "다 했는데."라고 맴돌고 있었지만 불호령에 대답을 할 수 없었다. 대답을 해도 핑계로 느껴질 상황이라 입을 다물고 있었다.

그렇게 호통을 듣고 다른 팀장과 상황 파악과 수습에 들어갔다.

발주 안 된 점포를 재점검하고 스킨 매출이 저조한 점포도 발주량을 높였다. 대표의 지시대로 고지물을 붙이며 100% 도입을 했다.

며칠 후 다시 불호령이 떨어졌다.

"당장 올라오시랍니다."

비서로부터 다급한 목소리로 전화가 왔다.

대표가 아침마다 부르는 것은 100% 좋은 이야기일 리가 없었다.

'점포 방문하여 교육하고 조치했는데 무엇을 놓쳤을까?

"스킨 발주 증가시키라고 몇 번 말했나! 도대체 뭐 하는 건가! 말을 못 알아듣는 건가?"

별별 소릴 다 듣고 쫓겨나다시피 내려왔다. 당시 4명의 팀장은 미쳐 버릴 정도였다.

'100% 도입하고 체크를 다 했는데도 발주량이 적은 건가?'

우리는 고민끝에 대표에게 물어보기로 했다.

발주를 도대체 얼마나 더 해야 하는 것인지? 왜 자꾸 지적하는지?

우리는 올라가서 따지려고 했지만 무서웠다. 아무도 나서지 않았다.

결국은 가위바위보로 한 명을 뽑기로 했다.

"가위, 바위, 보!"

'이런, 나야…'

발주 데이터, 진열 사진, 도입률 등 자료를 준비하고 숨을 고르며 대표의 방문을 두드렸다.

"대표님, 도입률 100%입니다. 고지물도 부착하고 2~3 FACE(줄)까지 진열 증가시켰습니다."

갈 데까지 가보자 심정으로 진열 사진과 도입률, 전산 데이터를 들이밀었다.

사진을 본 대표는 큰 소리로 웃기 시작했다. 웃는 모습을 본 것이 처음이었다. 호통칠 때보다 더 겁이 났다.

"이 팀장, 내가 말한 스킨은 남성 화장품 스킨이 아니라, 콘돔을 말한 겁니다."

일본인 대표는 콘돔의 상품 브랜드인 '스킨'을 지시했던 것이다. 며칠째 이어진 스킨 해프닝은 그렇게 끝이 났다.

여름 휴가철 피서객이 몰리는 바닷가, 유흥가 점포들은 콘돔이 있는지 반드시 확인하고 발주량을 늘려야 한다.

　지금은 당연한 것처럼 들리지만 그 당시 남성 스킨 발주를 늘리며 엉뚱한 행동을 한 사건이었다. 의도치 않게 남성 스킨 매출도 2배나 뛰었다. 하지만 너무 많은 발주에 재고가 남아 할인판매를 할 수밖에 없는 쓴 맛을 보았다.

　우리는 이렇게 하나하나 예상해 가며 발주량을 조절했다. 매출을 높이는 방법을 터득하고 있었던 것이다.

> 상생의 길
다국적 기업

얼마 전 S 커피숍에서 프로모션을 진행했다.

나열된 타 커피숍 음료 10잔을 마시고 주최측이 지정한 음료를 3~4잔 더 마시면 가방이나 의자를 주는 행사였다. 커피 한 잔과 디저트 한 개의 값이 만 원은 쉽게 넘는 세계적인 커피숍이었다.

S 카페 텀블러를 들고 다니는 것이 유행인 듯했다.

우연히 참여하게 된 행사에 증정품을 받으러 가니 가방은 모두 소진되고 의자만 남았다 했다. 가방을 받고 싶었던 나는 내일 다시 온다는 말을 남기고 카페를 나왔다.

트렌드를 몰랐던 것이다. S사의 가방은 온라인에서 프리미엄이 붙어도 구매하기 쉽지 않았다. 가방을 받기 위해 커피를 마신다는 사람들도 많았다.

새벽같이 와야 받을 수 있을 것이라는 직원의 말을 크게 생각하지 않았다. 마침 다음 날이 출근이 없는 일요일이었다. 아내에게 가방을

선물하겠다는 의지로 날이 밝기도 전에 카페로 향했다. 카페 앞의 광경은 보고도 믿기 힘들었다. 이미 줄이 길게 늘어나 있었다. 첫 줄을 선점한 여학생에게 자정이 조금 넘은 시간부터 줄을 섰다는 이야기를 들었다.

'세상에, 이것이 젊음의 능동력인가도 싶고 커피숍 로고가 박힌 가방이 뭐라고…' 하는 생각을 하며 포기했다.

세븐일레븐은 다국적 기업이다. 얼마 전 전 세계적으로 71,100개의 점포를 갖게 되었다는 이야기를 들었다. 대만을 자주 가기에 갈 때마다 세븐일레븐, 할인점, 백화점 등을 다닌다.

'한국 상품 모음전', '한국 Zone'이 눈에 띄었다. K-POP을 확장시킨 BTS 관련 상품이 어렵지 않게 보였다. 유행처럼 일어나는 한류를 눈으로 직접 보니 내심 한국인이라는 것에 자부심이 생기는 듯했다.

코로나 펜대믹으로 자유롭지 못한 해외여행과 평범하던 일상이 간절하게 다가온다.

세븐일레븐은 다른 국내 어떤 편의점보다 큰 장점이 있다.

편의점의 시작인 만큼 전 세계 많은 나라에서 상위 위치를 구축하고 있다. 각국의 세븐일레븐 관련자가 모여 미팅을 갖기도 한다.

브랜드 네임의 위상에 어울리는 열쇠고리, 시계 등의 액세서리도 있다. 온라인에서 판매되기도 하고 점포에서 주문받아 사은품으로 증정하기도 한다.

자연스럽게 마케팅으로 이어질 수 있다. 세븐일레븐의 큰 장점인 동시에 강점이다.

대만 세븐일레븐에서 유명한 시그니처 커피, 아이스크림이 얼마 지나지 않아 한국에서 판매되기 시작했다. 세븐일레븐이 아닌 C 편의점과 G 편의점이었다.

정보화시대다. 정보가 능력이고 자금인 것이다.

대만을 일 년에 2번 이상은 가기 때문에 다른 사람들보다 빨리 그 나라의 상품을 접해볼 수 있었다. 유명한 음식은 이미 우리나라 강남을 시작으로 많이 들어와 있다.

'이것은 해보고 싶다'고 욕심냈던 Item은 어김없이 한국에 진출해 있었다. 내가 생각하고 있을 시간 누군가는 행동으로 옮긴 것이다.

스마트 강국인 만큼 정보력이 강한 힘이 되는 한국이다.

한국은 자영업자 비율 세계 1위이다. 본사 체인으로 운영되는 프랜차이즈에 관한 것 또한 1위이지 않을까 싶다.

마케팅은 선도하는 업체가 우선이다. 도전하는 리더가 되어야 한다. 대만 세븐일레븐의 시그니처 제품을 한국의 경쟁사에서 판매한 경우를 생각해 보자. 상품에 관한 정보력의 스피드에 감탄할 만하다.

> 발주와 재고관리의 정석

발주패턴을 파악하고 도와줘라

1~2년의 짧은 점포 경험으로는 가맹점을 관리하기 어려운 시대이다. 더불어 오랜 경험을 가진 점주들을 가르칠 수가 없다.

메이저 편의점의 점포 수가 10,000개를 넘어가고 있다. 경력 많고 여러 점포를 운영하는 점주들이 증가했다.

다른 사람을 가르치고 지도하는 것은 스승 역할을 하는 것이다.

과거 미국 FC의 연령층이 40~50대도 많다는 이야기를 들었다. 능력과 경험이 풍부하다는 것이다.

내가 그 점포에서 근무하지 않는 이상 고객의 흐름과 동태를 파악하기는 쉽지 않다. 전산 데이터로 상품의 요일별 트렌드, 시간대별 판매를 분석하고 그 특징을 찾아 점주들과 대화하고, 지도해야 한다. 발주 변화를 주시한 결과를 토대로 다시 지도해 가는 사이클을 반복해야 한다.

일배식품(food)인 경우 대다수의 점주들은 총량발주를 한다.

168

삼각김밥의 경우를 예로 들면 취급 아이템 5개에 총 발주 수량 10개를 정해놓고 발주한다.

종류별 2개씩 발주하다가 폐기가 나면 1개로 줄이고 2개가 다 팔린 아이템은 3개로 늘린다.

🔒

총 10개를 벗어나지 않는 범위다.

여기에 변화를 주는 점주는 일요일에 잘나가는 것을 알고 10개를 12개로 늘린다. 본인이 떠안게 되는 폐기 부담을 안고 발주한다. 폐기가 나면 발주를 줄인다.

경험 없이 FC가 되어서는 푸드에 대한 지도를 할 수 없게 된다.

점장일 때 빌드업(Build-up: 발주, 판매, 폐기를 기록하는 것)을 체득했다. 분석하고 경험한 자료를 바탕으로 점주들을 지도해야 폐기에 대한 점주들의 부담감을 환기시킬 수 있다.

170

일배식품의 발주는 상황에 따라 민감하고, 폐기가 동반되기에 지도하기 어려운 것이 사실이다. 그렇다고 무턱대고 많이 발주하는 것을 강요해서는 자격 미달인 FC가 된다.

점장일 때 경험을 충분히 쌓지 못한 사람은 FC가 되어서도 다른 사람을 지도할 수가 없다. 아니 현명하고 구체적인 지도와 제안을 할 수 없다.

발주에 대한 지도는 점포의 매출과 직결되기에 상당한 부담과 어려움이 따른다. 충분한 분석과 훈련이 뒷받침되어야 한다.

나의 발주 방법

1. 발주자를 확인한다(대부분 점주들이 직접 한다).

2. 발주패턴을 확인하고 발주를 같이 넣어본다(점포의 특성을 찾기 위해 같이 발주 넣고 진행한다).

3. 폐기에 대한 부담에 짓눌려 소극적일 수도 있으니 본사가 일부 지원을 해준다.

4. 전 근무자에게 발주를 같이 넣고 있음을 인지시키고 전 근무자가 관심을 갖게 한다.

5. 노트 작성을 통해서 특이사항을 작성하게 한다(성별, 직업, 연령대 등등).

6. 그동안 발주 넣은 패턴을 가지고 시간대별, 요일별 발주, 판매 상황을 확인한다.

7. 오전 출근 시간, 간식시간, 저녁 시간, 새벽 시간 등 시간대별 흐름을 먼저 파악한다(각 시간대별로 잘 팔리는 품목 숙지하기).

8. 남성, 여성들의 구분을 통해 취향이 어떤지 파악해본다(샌드위치의 경우: 남성들은 고기가 들어간 돈가스 샌드위치 선호, 여성들은 야채가 들어있는 샌드위치 선호 등등).

9. 요일별 특징을 분석한다(일요일 등산객 증가로 김밥 판매 증대, 휴일 사무실 경비원의 도시락 판매 증대 등).

10. 잘 나가는 상품들의 특징을 파악하여 발주를 증가해 본다.

11. 날씨에 따른 변화를 체크한다(비 오는 날 삼각김밥의 판매가 좋은 이유는 직장인들이, 비가 와서 외부로 안 나가고 내부 편의점에서 간단히 식사하기 때문).

12. 발주의 정답은 없다. 가설을 세우고 발주를 했지만, 많이 남아서 폐기가 증가할 때도 있고, 모자라서 안타까울 때도 있다.

13. 일련의 행위들이 점주는 이제 감을 잡고 컴퓨터의 데이터를 보면서 발주해 나
   갈 수 있는 자신감이 생긴다.

14. 카테고리별로 하나씩 접근을 해나가면 전체적인 발주가 안정되고 점포는 짜
   임새 있게 바뀐다.

15. 도와준 FC가 무척 고맙게 느껴지고, 다른 업무에 대한 집중도도 높아지며, 신
   뢰가 쌓이게 된다.

> 점포 분석과 운영의 묘
주차는 점포에서 먼 곳에 하고 걸어가라

FC는 주 1회 이상 담당 점포를 방문하도록 교육받는다.

보통 한 번은 점포에 가서 점주와 신상품에 대한 본사 마케팅을 설명한다. 위치 선정까지 어시스트한 후, 점포에서 제기된 문제점이나 건의 사항을 듣는다. 두 번째는 점포에서 건의한 내용에 대해 점주에게 피드백하고 신상품, 기존 상품 등의 입점 및 동향을 파악한다.

예전에는 세세한 업무 내용을 효율적으로 처리하자는 의도에서 FC 1인당 점포 수를 최대한 줄였다. 지금은 이런 원칙과 달리 FC별 담당 점포 수도 많아지고, 지시사항이 늘어나 그에 따른 스트레스가 클 것이라는 생각이 든다.

FC는 자신이 담당하고 있는 점포에 대해 명확하게 꿰고 있어야 한다. 무엇이 잘 팔리는지, 근무자는 어떤지, 시간대 매출은 어떤지 등 내부적으로 많은 정보를 연구하고 공유해야 한다. 외부적으로는 어떤

173

사무실이 공실인지, 주변 경쟁점은 어떠한지, 무엇이 생기고 없어졌는지 정확히 파악하고 있어야 한다. 그래야 점포에 최적의 상품을 준비하고 마케팅 전략을 짤 수 있다. 주변 상권도 알지 못한 상태로 상품 진열이나 마케팅 전략을 짠다는 것은 있을 수 없는 일이다.

FC는 차 없이 점포 방문하기가 어렵다. 아무리 같은 지역 내에서 점포를 담당한다고 하더라도 기동성, 상품 이동 등으로 차가 있는 것이 효율적이다. 어떤 FC는 주차 후 점포에 바로 들어가 점주와 이야기하면서 정보를 들으려고 한다.

하지만 점주도 장시간 근무하다 보면 피곤함에 지쳐 주변 상권의 변화를 모르고 지나치는 경우가 많다(물론 고객들과의 대화에서 많은 정보를 얻는 방법도 있다).

팀장일 때 점포를 방문하는 FC에게 팁을 제시했다.

점포에서 떨어진 곳에 주차하고 점포까지 걸어가면서 주위 변화를 살펴보라고 했다. 요즘같이 주차난이 심한 현실에서는 어려움이 있지만 월 1회 이상은 그렇게 하는 것이 좋다.

상권의 변화를 찾아내는 훈련을 쌓아야 한다. 직접 눈으로 보고 느낀 상권 정보를 점주에게 이야기한다면 점주의 신뢰도가 높아질 것이다. 소통은 의도하지 않은 기발한 마케팅과 상품 구색을 떠오르게 할 수도 있다.

174

주차는 점포에서 먼 곳에 하고 걸어가라

> 점포 분석과 운영의 묘

FC가 천재는 아니다

FC는 본사에서 쏟아지는 모든 정보를 충분히 이해하고 점포를 순회해야 한다.

월 말이었다. 점포에 쌓이는 많은 고지물을 본 적이 있다. 그 고지물(행사 고지물 위주)을 전부 꺼내서 부착하는 점포가 있을까 하는 의문이 들었다. 물론 있기는 있을 것이다. 하지만 점포 운영에 경험이 많은 점주들도 다 외우고 부착하기 어렵다. 더구나 상품의 특징까지 다 파악하면서 고객에게 설명하기는 더욱 어려울 것이다.

본사의 관리자들은 점포에서 일이 발생하면 일단 모든 책임을 FC에게 돌린다.

"도대체 다니면서 뭘 하는 거야!"

"이 정도도 모르면 어떻게 해?"

"뭘 교육하는 거야!"

비난과 불만이 쏟아져 내린다.

FC는 천재가 아니다. 담당자도 모르는 경우가 있다. 누구도 그 많은 정보를 모두 외울 수 없다. 점포 수가 급증하면서 많은 정보가 회의를 통해 전달되어 내려오며, 실제 각 부서별 담당자들과는 유선으로 통화하는 것이 대부분이다.

물론 상급자를 통해 의문점을 해결할 수도 있지만, 시스템과 조직이

약하다면 상급자도 '네가 알아봐라. 나도 바쁘다.' 할 수 있다.

편의점에서는 연중 많은 행사가 진행된다. 1+1, 2+1, 할인, 증정, 카드 행사 등, 모두 알 방법은 없다. 소비자인 나도 행사한다고 일부러 들어가 구매하지는 않는다. 사려고 보니 행사가 붙어있는 경우가 많다.

1+1이나 2+1이라 하면 할인 느낌을 주지만 소비자는 영악하다. 자주 구매하는 상품의 가격을 대충 알고 있다. 가격을 올리고 나누는 듯한 행사는 신뢰도를 낮출 뿐이다.

점포의 클레임, 실수, 송금, 장비 문제 등 많은 사안이 내 책임으로 돌아오는 FC라는 직군의 피로도와 어려움이 많다. 나는 아직까지 핸드폰을 손 닿는 곳에 두고 자는 버릇이 있다.

FC 할 때 대부분의 점주들이 야간근무를 하기에 언제든지 질문이 있거나 문제가 생기면 전화하라고 했다(나는 그렇게 배웠다). 휴일도 마찬가지였다. 내가 맡은 점포에 관해서는 휴일이라고, 야간이라고 모르는 척할 수 없었다. 24시간 영업하는 회사에 입사했고 그 주인들이 저녁에 근무하고 있다면, 그것은 내가 감수해야 할 부분이라고 생각했다.

워라벨(일과 사생활의 균형)을 중요하게 여기는 요즘은 FC가 휴가를 떠나면 전화가 안 된다. 휴일에도 전화를 안 받는다. 하지만 24시간 근무를 알고 입사한 회사에서 워라벨을 찾는 것은 책임감 있는 FC로서의 태도가 아닌듯하다. 이런 생각을 하는 것이 내가 옛날 사람인가 하는 자가 검열을 하게 한다.

휴가를 간다 하면 굳이 전화할 점주는 많지 않을 것이다. 하지만 그들에게 '우리 FC 전화는 늘 24시간 open'이라는 든든한 조력자가 있다면 힘이 될 것이다.

정보가 넘치는 시대이다. 2+1 행사를 하지 않으면 안 팔리는 상품도 있다. 담당 MD도 잘 모르는데, FC들이 그 많은 정보를 어찌 알겠는가? POS에서 행사를 자동 안내하든가(2+1 상품입니다, 할인해 드립니다. 등등), 핵심 상품 위주로 행사를 더 깊이 있게 한다거나 해서 집중화할 필요가 있다. 시간은 한정되어 있고 내가 담당하는 점포는 많다. 어떻게 하면 집중해서 정보를 전달하고 지도해 나갈 것인가를 고민해야 한다.

FC는 회사를 대표하는 얼굴이다. 그들이 업무에 집중하도록 시스템을 만들어가고 지원 방안을 강구해야 할 것이다.

179

> 점포 분석과 운영의 묘

점장은 다양한 경험을 쌓고
교육을 시켜야 한다

편의점 신입 직원은 특별한 경우를 제외하고 대부분 점포 근무를 시킨다. 편의점은 가맹 시스템이다. 모든 직원이 본사를 대신하여 점주를 서포트해야 한다.

서포트의 시발점은 점포 경험이다. 점원을 채용하고 발주하고, 정리하고 고객을 대하고, 매출을 올리는 방법을 배워야 한다. 상품 진열은 어떻게 해야 매출이 오르는가, 고객은 어떻게 대해야 하는가, 발주는 어떻게 해야 하는가, 직원 관리는 어떻게 하는 것이 효율적인가.

다양한 경험을 쌓아야 한다. 과정에서의 작은 실수(오발주, 과폐기 등)는 이해해야 한다. 일방적인 지시와 실수에 대한 과한 훈계는 지양하는 것이 좋다. 부정적인 면이 부각되면 그들은 위축되고 숨게 될 것이다.

나그네의 윗옷을 벗기는 것은 바람이 아니라 태양이다. 뜨거운 태양

이 나그네가 스스로 옷을 벗게 만드는 것이다.

　관용이 과해서도 안 되지만 무조건 강하게 밀어붙이는 것은 좋지
않다.

　왜 이 일을 해야지 상세하게 설명해야 한다. 실행한 뒤 결과를 스스

로 깨닫게 하고 그 결과를 토대로 다시 가설을 세우도록 해야 한다. 행동을 반복시켜 습관이 되도록 해야 한다.

FC는 점주들을 지도하기 위해 경험을 많이 하는 것이 좋다. 직접 체험하지 않고 이론만으로 그들을 교육할 수 없다.

A 점포에서는 샌드위치를 오전에는 여성 고객들이, 간식시간에는 남성 고객들이 많이 구매하는지, 남성 고객은 고기가 들어간 샌드위치를 선호하고, 여성 고객은 달걀이나 야채가 들어간 샌드위치를 더 선호하는지, 매출이 절반 아래로 하락하는 휴일에 도시락만 유독 평일 대비 2배가 더 판매되는지.

비 오는 날 우산을 앞쪽에 배치하라. 겨울철에는 립글로스를 고객의 눈에 잘 띄는 장소에 진열하라 등은 이제 상식에 가까운 정보이다.

온도가 27~30도일 때 잘 팔리는 아이스크림과 30도가 넘을 때 잘 팔리는 아이스크림은 다르다.

경험을 쌓아 프로가 되어야 한다. 데이터를 분석하여 노하우를 축적해야 한다. 이 정도의 경험과 데이터 분석도 안 된다면 점포를 운영하는 현장 점주들을 서포트할 수 없다.

점주들도 본인보다 경험이 부족한 본사 직원을 신뢰하지 않는다. 장사를 잘하고 상품관리를 잘하는 점주들을 만들기 위해, 본사 FC는 다양한 방법을 가지고 지도해 나가야 한다.

입사 후 점포에서 근무하는 동안 다양한 경험과 데이터를 축적하고 선배들에게 배운 노하우를 자기 것으로 만들어야 훗날 기본이 탄탄한 FC가 되는 것이다.

점주들에게 테스트하면서 노하우를 축적시키는 것이 아니다. 이미 검증된 자료도 상권과 고객층에 맞추어 알리고 지도하는 것이다.

잘못된 정보를 공유하거나 확실하지 않은 정보, 생각으로만 머문 정보를 섣불리 지도하게 되면 좋지 않은 결과가 발생한다. 좋지 않은 결과는 수익과 연관되기 때문에 점주와의 관계도 멀어진다.

점주는 본사를 불신하게 되고 결과적으로 프랜차이즈의 근본이 흔들리는 악순환을 밟게 된다.

183

> 발주와 재고관리의 정석
편의점은 백화점도 할인점도 아니다

편의점은 각종 행사를 많이 진행한다.

행사를 잘 이용하는 것도 매출과 이익에 큰 도움이 된다.

184

1월~2월	신정/설날/밸런타인데이/졸업
3월	화이트데이/신학기
4월	한식/블랙데이
5월	어린이날/어버이날/스승의 날/성년의 날
6월	여름방학
7월~8월	휴가철/초복/중복/말복
9월~10월	추석
11월	빼빼로데이/수능시험
12월	크리스마스

위의 표와 같이 특별한 날에 본사에서는 행사에 맞는 상품과 마케팅을 진행한다.

상권과 고객이 선호하는 상품을 준비한다면 그 달의 매출은 상승한다. 일부 점주들은 재고 문제로 판촉 상품 구비에 소극적인 경향이 있지만 행사는 반드시 신경 써야 한다.

언젠가 백화점 경력이 전부인 대표가 밸런타인데이 준비에 만전을 기하고 상품 구색, 재고 등을 강화하라는 지시를 했다. 백화점은 여성이 남성에게 초콜릿을 주는 밸런타인데이에 매출이 높지만, 편의점은 그 반대이다. 화이트데이 매출이 훨씬 높다.

여성들은 발렌타인 선물을 아기자기하게 직접 만들기도 하고 포장에도 신경을 많이 쓴다.

남성들은 DIY 상품보다 완제품을 더 선호한다.

귀여운 인형, 도자기 등 예쁜 완제품을 길 가다가 가까운 편의점에서 쉽고 빠르게 구입하는 것이다. 물론 백화점에 가서 고가의 상품을 구매하는 경우도 있을 것이다.

위에 든 예는 통상적인 데이터에 근거하여 설명한 것이다. 백화점과 편의점의 매출은 완전히 정반대이다. 그러니 화이트데이 시즌에 편의점에서는 남성들이 좋아하는 취향의 완제품을 마케팅하는 것이 중요하다.

그밖에 선물 세트를 팔 수 있는 설날, 신정, 추석과 연중행사에서 매출이 제일 좋은 빼빼로데이, 12월 크리스마스 등 많은 행사가 다달이 진행된다. 점주들은 보너스로 생각하여 행사에 주력하는 것이 좋다.

철저한 발주와 재고관리, 판촉전략을 잘 짜서 운영한다면 좋은 결과가 있을 것이다.

186

> 미래의 편의점
인구구조의 변화(고령화시대)

우리는 고령화 시대에 살고 있다.

한국은 노년 인구 비율이 2000년에 7%를 넘어서며 고령화사회로 접어들었다. 2026년도에는 전체 인구의 20%를 넘는 초고령 사회로 진입할 것이라는 전망이다.

20~30대의 사회 공헌도가 높아졌다. 나만 잘 살고, 우리 기업만 흑자를 내면 된다는 식의 발상을 가진 CEO가 있다면 시대착오적이고 위험한 생각이라 조언하고 싶다.

향후 최소 10년 이상을 바라보며 정책을 수립해 나가야 한다. 멀리 내다볼 수 있는 혜안이 필요하다. 내가 앞장서야 한다. 내가 이끌어 가고 선도해야 한다. 일본은 이미 고령화 시대에 맞은 다양한 상품과 그에 맞는 마케팅을 펼치고 있다.

얼마 전 집안일로 요양병원을 알아볼 때, 생각보다 많은 요양병원이 있다는 것을 알았다. 그럼에도 공급이 부족하여 대기 인원이 많다는 것이 놀라웠다. 뉴스로 보고 듣던 사회현상을 실감했다.

고속화되는 고령화 시대에 요양 시설은 점점 증가할 것이고, 사회복지사도, 돌보시는 분들도 수요가 급증할 듯하다.

세븐일레븐 근무 시 교육팀장을 한 적이 있다. 신입 직원들과 가평 꽃동네 봉사활동을 다녀왔다. 지금은 사회복지사 공부를 하고 있다. 실습만 하면 자격증을 취득한다. 나이를 더 먹으면 노인들을 보살피며 봉사를 하고 싶다. 물론 노인 요양 시설도 운영하려는 계획도 갖고 있다.

늙는다는 것은 불편한 일이 늘어나는 것이다. 병원을 찾는 횟수도 늘어날 것이며 도움을 받아야 할 상황도 생긴다. 간병을 받기도 해야 할 것이고 수술 후 필요한 보조기 등 각종 의료 기구에 의지하기도 할 것이다. 먼 일이라 여긴 것이 눈앞으로 다가왔다 생각하니 감정이 복잡해지기도 한다.

급변하는 시대의 흐름에서 새로이 생겨나는 것과 도태되어 가는 것들 사이에서 편의점의 존재를 짚어 본다. 구멍가게 보다 가까이 있는 24시 편의점은 우리와 아주 가까운 곳에 위치해 있다. 먹거리뿐만 아니라 간단한 은행 업무, 사무업무가 가능한 곳이다.

이곳에서 더 나아가 노령화 시대에 발맞춰 대여 서비스, 간병인 서비스, 상품 구매 대행 서비스 등을 실행하면 어떨까?

이미 일본은 오래전부터 시행하고 있다. 초고령화 시대에는 이 서비스가 우뚝 서 있지 않을까?

시행착오를 거쳐야 하겠지만 반드시 해야 할 업무이다.

이제 간병인은 병원의 입원환자에게만 필요로 하는 것이 아니다. 집에서 간호를 필요로 하는 노인의 숫자도 증가한다. 병원이 아닌 내 집에서 간병 서비스를 받고 싶은 것이다. 장비와 인력풀을 구축하여 서비스를 시작한다면 전망 밝은 사업이라 생각한다.

또한 노인들에게 특화된 프로그램의 태블릿 PC를 무료로 지급하여, 그 태블릿 PC에 우리 점포만 로그인이 가능하게 하고, 우리 상품만 구입하게 하면 어떨까?

189

배달은 물론 여러 가지 혜택을 부여하며 정기적인 방문을 통해 어려운 점, 건의사항, 추가 상품 취급 등에 관한 의견을 듣고 반영한다면 고객층이 확대될 것이다.

이 외에도 노인들을 위한 마케팅 전략은 엄청나

게 많다.

얼마 전 어떤 커피숍에서 노인을 채용했다. 모 편의점에서도 비슷한 채용을 한다는 이야기를 들었다. 그러기까지 많은 어려움이 있었을 것이다.

또한, 지자체와 연계하여 점포를 노인들에게 맡기고 급여를 지급하는 방법도 있다. 다른 의미의 사회봉사라 할 수 있겠다. 더불어 노인들의 삶의 질이 나아져 활력이 생길테니 사회적으로도 일거양득이다.

주유소에서 아르바이트를 하는 어르신들을 보며 나도 저 나이가 되었을 때 무엇인가 할 수 있으면 좋겠다는 생각을 한다. 팔순을 앞둔 필자의 어머니도 일주일에 2번씩 공공 도서관에서 책 정리하는 아르바이트를 하고 계신다. 적은 보수에 단순노동이지만 즐거워하신다.

일을 하고 싶어도 정보력이 부족한 노인들에게 직업을 알선하고 일할 수 있도록 도와주는 편의점이 있다면 나는 그곳을 자주 이용할 것 같다. 좋은 일을 하는 거니까….

출장 서비스를 이제 고민해 볼 필요가 있다.

> 미래의 편의점

1인 가구의 증가

일본에서 칸막이가 설치된 1인용 테이블이 많은 것을 보고 정서가 우리나라와 많이 다르다 생각했었다.

1인 가구의 비율이 30%에 이르는 한국도 이제는 혼술, 혼밥하는 사람들을 자주 보게 된다.

결혼을 늦게 하거나 비혼 비중이 늘어나면서 1인 가구의 증가가 눈에 띈다. 혼밥, 혼술의 양면적인 소비 형태(초저가 VS 프리미엄) 등 많은 변화가 일어나고 있다. 또한 코로나로 인한 온라인 소비가 급속도로 증가하고 있다.

이제 편의점도 '배달'을 외면할 수 없다.

과거에는 절대 배달은 안 하리라 생각했었지만, 이제 포화상태에 이른 편의점도 배달을 하지 않고는 경쟁력을 갖추기 어렵다. 하지만 남들 다 하는 배달로 어떤 차별성을 가질 수 있을까?

더구나 가맹 프랜차이즈 시스템에서 푸드(Food) 발주에 한계를 갖고 있는 점포에 과연 얼마나 다양한 먹거리가 있을까?(실제 접속해보면 종류가 다양하지 않다) 생활용품을 편의점에서 배달로 구매할 확률은 그리 높지 않다. 다른 온라인 쇼핑몰을 이용해도 아주 만족스럽고 다양한 상품들을 구매할 수 있으니 말이다.

그렇다면 편의점의 강점은 무엇일까?

역시 1인 가구에서의 간단한 식사 대용으로 가능한 먹거리일 것이다. 음료나 디저트가 추가되면 금상첨화다. 하지만 앞서 언급한 것처럼 가맹점의 발주 한계로 인해 먹거리의 재고가 많지 않고 점포별 종류가 다양하지 않다는 것이 한계이다.

내가 먹고 싶은 상품을 미리 주문해놨다가 퇴근길에 우리 집 앞 점포에서 찾아 집으로 가져갈 수 있다면 어떨까? 퇴근길에 들렀다가 내가 먹고 싶은 상품이 없어 다른 걸 마지못해 사거나 그냥 아무것도 사지 않고 나오는 것보다는 낫지 않을까?

그렇다고 개별 점포 점주가 각각의 고객 취향에 맞춰 주문해서 그 고객이 올 때까지 기다리기만 할 수는 없는 일이다. 본사에서 시스템을 구축해 주문처리를 하게 하면 어떨까? 고객이 원하는 점포에 원하는 상품을 주문하고 찾아갈 날짜와 시간을 입력하고 결제하면 어떨까?

본사는 주문을 받아서 주문받은 상품을 점포에 배송하면 된다. 그리고 점포는 받은 상품을 잘 보관해 두었다가 고객이 찾으러 오면 전달하면 되는 식이다. 물론 주문은 본사에서 받지만, 점포 매출이고 점포의 이익으로 돌아간다.

시행착오가 예상되지만 개선해 가며 패키지시스템과 전산시스템을 구축해야 한다. 추가 매출이 발생할 것이다. 고객의 입장에서는 자신이 원하는 것을 시간과 비용을 따로 들이지 않고 내 집 앞 점포에서 찾아갈 수 있다.

활성화가 된다면 상품개발, 할인 및 마케팅 전략, 개인 취향에 맞는 차별화된 브랜드나 제품개발 등 1인 가구, Z세대에 걸맞은 다양한 전략이 구축될 수 있으리라 생각된다.

193

> 미래의 편의점
점주 혼자서는 안 된다(잘하든, 못하든)

몇 년 전 우리 동네에 세븐일레븐이 오픈했다. 종종 들리던 점포였는데 갈 때마다 점주가 유니폼을 입고 문 앞에서 담배를 피우고 있었다. 편의점은 푸드(food)를 판매하는 곳이다. 그리고 꼭 Food를 판매하는 곳이 아니더라도, 유니폼을 입은 채 사람들이 다니는 정문 앞에서 담배를 피운다는 것은 절대 해서는 안 될 일이다.

손님에게 하는 기본적인 인사도 없었다. 매장 내 청결도 좋지 않았다. 편의점 근처에는 대형 슈퍼도 있었다.

오래가지 못할 것이라는 예상대로 오픈한 지 몇 달 만에 그 점포는 사라지고 타 편의점이 들어왔다.

새로 오픈한 편의점은 청결하고 친절했다. 전과 다르게 고객이 늘어나는 것을 볼 수 있었다.

동네에서 같은 브랜드라면 도미넌트 출점도 가능하다. 뒤쪽 빌라촌에 같은 브랜드가 오픈 준비 중이다. 앞의 점주분이 뒤쪽 점포도 같이

194

운영할 수도 있다. 노력 여하에 따라 점포 2개를 동시 운영하는 노련한 점주가 되는 것이다.

새로운 브랜드의 편의점이 공격적으로 생기면서 세븐일레븐이 눈에 띄게 적어졌다. 그러던 중 얼마 전 '푸드드림'이란 콘셉트로 세븐일레븐이 오픈했다.

푸드드림은 세븐일레븐에서 전략적으로 추진하는 점포 형태이다. 이러한 형태의 점포를 더 많이 오픈하겠다는 기사를 읽었다. 잘되리라 생각하고 응원한다. Food에 포커스를 맞춘 형태이다 보니 먹거리 상품이 다양한 점포이다.

적극적인 마케팅으로 매출 높은 멋진 점포가 되리라 생각한다.

오픈 때부터 꾸준히 그 점포를 갔다. 점포의 변화와 고객 흐름을 파악하기 위해서였다. 불과 50m 앞에 오래된 CU가 있고, 길 건너에 미니스톱, 점포 옆으로 50m 거리에 GS25, GS 슈퍼가 있다. 좁은 상권에 편의점 4개와 GS 슈퍼, 홈플러스 익스프레스까지 모여 있다.

치열한 경쟁이 요구되는 환경이다. 뒤늦게 오픈한 세븐일레븐은 이미 자리를 잡고 있는 타업체와의 차별성을 둔 '푸드드림'을 오픈했다.

하지만 문제는 기존 점주가 얼마나 버틸 수 있나(푸드에 대한 폐기 부담)가 관건이었다. 한 달이 지나고 두 달이 지나자 푸드드림이라는 콘셉트를 시작한 세븐일레븐은 지역 편의점과 같은 형태로 변해갔다. 본사의 마케팅과 상이한 편의점이 되었다.

중요한 점은 고객에게 알려지고 자리 잡기까지 시간이 필요하다. 동네 음식점도 몇 달 만에 다른 간판이 걸리는 경우가 허다하다. 맛 좋고 친절하다 해도 오픈 후 고객에게 자리매김하기까지는 긴 시간이 필요하다. 홍보로 고객을 유치하고 유지하기까지의 시간이 필요한 것이다.

오픈 후 고객에게 알려지기까지 인건비, 재료비, 월세를 온전히 주인이 부담해야 하고 손해도 감수해야 한다. 그 시간을 버틸 자신이 없다면 창업해선 안 된다. 편의점도 마찬가지이다. 폐기를 어느 정도 감수하더라도 가장 늦게 오픈한 점포는 공격적인 마케팅을 할 수밖에 없다. 우리 점포에는 다른 점포에 없는 상품이 있다는 걸 알려야 한다. 고객에게 각인될 때까지 상품을 보여주고 맛볼 수 있도록 해야 한다.

장사를 처음하는 사람은 마케팅에 익숙하지 않다. 그러기에 제도화된 시스템이 있는 프랜차이즈를 선호하는 것이다.

모든 기업은 이윤창출에 목적을 둔다. 본사에서 무조건적인 지원을 하지는 않는다. 상호 win-win할 수 있는 부분에 대해 함께 고민해야 한다.

새로운 콘셉트로 오픈한 점포들, 잘하는 점주도 있고 못 하는 점주도 있다. 본사는 항상 뒤처지는 점주를 기준점으로 삼아야 한다.

생각의 방향을 다르게 해 보자.

처음 계약할 때, '푸드드림'의 성격을 설명하고 6개월~1년 정도 점주가 일정 부분을 투자하게 한 후, 본사에서 지원을 해주면 어떨까(일정기간이 지난후 폐기금액에 대한 지원 및 환수 정책등)?

1년 정도의 기간이라면 투자 가능한 비용이지 않을까하는 생각이다. 1년의 지원을 거친(직영점을 하듯) 신규 콘셉트의 점포를 안착시키는 것이 관건이다.

이때 가장 큰 위험은 근사하게 점포를 구성한 후 점포의 숫자 늘리기에 급급해서는 안 된다. 내실을 다지지 않으면 하향길은 시간문제다.

197

천천히 하더라도 꼼꼼하고 탄탄한 점포를 안착시켜야 한다.

서두르면 실패할 확률이 높다. 점포 수도 중요하지만 성공한 점포가 늘어나는 것이 더욱 중요하다.

> 미래의 편의점
각종 서비스를 활성화하자

전문가가 아니라도 미래는 코로나 전과 코로나 후로 바뀔 것이라는 것을 짐작한다. 앞으로 바이러스는 계속 발병할 것이며 우리는 코로나로 시작된 비대면 생활에 익숙해질 것이다.

행사는 축소되고 결혼식이나 장례식 외 각종 경조사도 소극적으로 치르게 될 것이다. 장기화된 거리두기가 사회 전반에 걸쳐 심각한 경제적 타격을 주고 있다. 온라인 주문업체나 배달 관련 사업은 호황이라지만 그 속에서 나타나는 사회문제가 수면으로 떠오른다.

코로나로 외출이 거의 중지되면서 집안 꾸미는 일에 집중하는 사람들이 많다는 기사를 접했다. 홈트레이닝, 실내정원 꾸미기 등 집안에서의 정서적 건강과 신체적 건강으로 눈을 돌리는 것이다.

편의점은 궁극적으로 오프라인 판매 방법을 추구한다. 이제 막 배달을 시스템화했기에 후발주자들은 고객 유치가 여의치 않다. 선점

의 중요성을 깨달아야 한다. 어느 분야든지 후발주자는 꼼꼼하게 선두주자의 단점을 극복했다고 홍보하지만 선두주자를 따라잡는 것은 쉬운 일이 아니다.

홈트레이닝 고객에게 각종 장비의 사용법과 운동법을 알려 주는 온라인 강좌나 지역사회와 연계된 필라테스, 요가, 헬스 등을 할인하거나 방문 교육을 시행할 수도 있을 것이다.

온라인화할 수 있는 것은 무엇인지, 어떤 방법이 좋을지, 지역사회에 이바지할 수 있는 프로그램은 무엇인지 생각해 보자.

찾아가는 서비스 시대가 도래한 것이다. 편의점은 공과금 납부, 택배, ATM 은행 업무, 세탁, 복사 등 다양한 서비스를 한다. 시간 제약이 있는 사람들에게 유연한 환경을 제공한다.

　이제 조금 더 고객들에게 다가갈 수 있는 서비스를 구상하여 제공하자. 그 서비스로 인해 우리는 선두가 될 것이고 우리 점포의 고객은 늘어나게 될 것이다.

> 상생의 길
GP(%)도 중요하지만,
GP(원)도 중요하다

GP는 Gross Profit(매출 총이익)는 매출액에서 매출원가를 차감한 금액이다. 즉 판매비와 일반관리비, 영업 외 수익, 비용 등 기타의 수익, 비용을 고려하지 않고 상품, 제품에만 직접 관련된 수익, 비용을 고려하여 산출된 이익이다.

편의점 본부는 업체에서 만든 상품을 납품받아 점포에 공급한다. 점포에서는 그 상품을 소비자에게 진열하여 판매하고, 본부에서 공급한 공급가를 차감한 후 남은 금액을 이익으로 가져가는 시스템이다(물론 그 이익금을 또 본사와 가맹점 간 계약된 요율대로 분배한다).

예를 들어 ○○과자가 한 봉지에 1천 원일 때, 본사 공급가가 500원이라면 500원의 이익이 생기게 되며, 그 500원을 본사와 계약 시 체결한 요율대로 나누는 형태이다(통상 완전가맹점은 7:3, 위탁가맹점은 4:6 정도).

위탁가맹점의 경우 과자의 500원 이익금 중 40%인 200원의 이익이 남는 것이고, 완전가맹점의 경우 500원 중 70%인 350원의 이익이 발생하는 것이다. 본부에서는 가능한 최대한 많은 이익을 남기기 위해 납품가를 조정하게 된다. 또한 그 비율(%)을 지표로 삼아 상품 및 고과 관리를 한다.

점포에 상품 소개 시 원가와 GP(%)가 표기된다. GP(%)가 높을수록 본부 MD들은 고과 평가가 높게 나타나며, 할 일을 했다고 생각한다. 하지만 아무리 GP(%)가 높아도 그 상품이 판매되지 않는다면 무슨 소용이 있겠는가? 간혹 편의점 본부에 들어가 상담하게 되면 견적 제출 시 지속적인 GP(%)를 높게 요구하는 경우가 있다.

제조공장에게도 원가 인상 요인(원재료비, 인건비, 제조경비 등의 상승)이 많겠지만 계속적으로 단가를 낮추기를 원한다. 물론 사정을 모르는 것은 아니다. 그렇기 때문에 서로 협의가 잘 되는 MD의 경우 적절하게 조정이 가능하다.

'우리 때문에 윗분들한테 혼나는 것은 아닌가?'하는 걱정도 되지만 잘 분석하고 소통하는 MD라면 나중에 회사에서 중추적인 역할을 하리라 본다.

필자는 자주 GP(원)에 대해서 이야기한다. 너무 GP(%)에만 집중하면 상품의 질이 나빠질 수 있다. 상품에 자신 있다면 GP(%)가 낮더라도 많이 팔아 이익금을 많이 확보하면 된다.

중요한 것은 얼마나 많이 판매하는가이다. 얼마나 많이 GP(%)를 높였는지가 중요한 것이 아니다. 1,000원짜리 상품을 GP(%) 50%에(이익금 500원) 3개를 판매했다면 1,500원의 이익금이 확보된다. 그러나 GP(%) 40%(이익금 400원)에 5개를 팔았다면 2,000원의 이익금이 확보되는 것이다.

업체는 절대로 제품을 허술하게 만들지 않으려고 노력한다. 대기업과 거래하면서 어느 업체가 그렇게 허투루 상대하겠는가(물론 실력이 부족할 수는 있다)?

가능한 좋은 재료로 좋은 상품을 만들어 가고, 자사 상품을 인정해주며, 최대한 가격을 책정해 주는 기업과 거래하고 싶어 한다.

양질의 원료를 사용한 품질 높은 상품이라면 GP(%)도 중요하지만 GP(원)를 높여 많이 판매해서, 많은 이익금을 확보해나가는 것이 중요하다. GP(%)나 GP(원)나 거의 같은 맥락이지만, 너무 퍼센트(%)에만 집중하는 것 같아 보이는 점이 안타깝다.

> 상생의 길
우리가 만든 상품은 팔아줄 의무가 있다

이제는 편의점도 PB 상품의 비중이 높아졌다.

PB가 아니라도 독점 공급을 원하거나 두 회사의(편의점 본사와 납품업체) 콜라보레이션으로 탄생한 상품도 많아지는 추세이다. 과거 팀장 시절이다. 계열사에 베이커리 회사(내가 후에 근무했던 회사)가 있어서 매주 긴 시간 미팅을 하며(원료, 제품 모양, 사이즈, 맛 등에 대하여) 편의점용 빵을 만들기 시작했다.

오랜 기간을 거쳐 상품이 탄생했다. 일명 '맛있는 빵'이다. 빵은 반죽에서 숙성과정을 거쳐 완제품이 될 때까지 많은 공정을 거친다. 어느 한 공정에서라도 miss가 나오면 제품은 상품이 되지 못한다. 또한 그날 그날의 스케줄과 기계의 스펙에 따라 생산될 양이 정해진다.

공장에서 생산한 상품은 독점으로 공급받게 된다. 양사가 많은 시간과 노력을 투자해 만든 상품이기에 다른 곳에는 납품하지 않는다. 공장은 정성껏 만든 상품을 최적의 온도와 시간에 점포로 입고시켜야

206

한다. 입고된 뒤부터는 점포의 책임이 된다.

본사는 단독으로 공급한 상품에 대한 책임감을 갖고 판매해 주어야 한다. 다양한 마케팅이 동원된다. 당연히 진열은 맨 위이다. 사람의 눈 높이에서 가장 잘 보이는 자리다. 제품 홍보 고지물도 부착하고 근무자들도 특별히 교육시킨다.

왜 맛있고, 어떤 특징이 있는지 자세히 설명해주고 관심을 갖게 하는 것이 중요하다. 본사에서는 음료 증정 행사 등 연관 상품과 마케팅 전략을 세워야 한다.

우리가 공장과 단독으로 만든 상품이니 반드시 성공시켜야 한다. 공장에 부담을 주어서는 절대 안 된다. 이익을 줄이더라도 반드시 성공시켜 그 성공 경험을 바탕으로 제2, 제3의 상품을 만들어 나가야 한다.

모두가 신나는 경험이다. 좋은 상품을 만든 공장과 MD, 매출이 올라 좋은 점포와 본사, 성공사례를 겪은 점주는 다른 상품의 성공도 쉽게 이루어낼 수 있다. 공장도 더 열심히, 보다 좋은 상품을 공급하려고 노력한다. 기분 좋은 일이다(최근 C 편의점의 마케팅도 같은 맥락으로 본다).

반대로 열심히 만든 상품의 도입이 잘 안되고 신경도 쓰지 않는다면 오랜 시간 지나지 않아 그 상품은 어느 점포에서도 찾아보기 힘들게 된다. 공장은 팔리지 않는 상품의 처분(원재료, 부자재)을 고민하게 된다. 그리고 후발 상품개발에는 소극적일 수밖에 없다. 누가 이익을 더 가져가냐가 그리 중요한가? 팔리지 않으면 그것으로 끝이다.

업체는 잘 팔아주는 본사에 상품을 밀어주고 더 좋은 상품을 개발하기 위해 노력한다. 상생 없이 이익만을 챙기려고 하는 본사와는 거래하기 싫어진다.

> 상생의 길
세상은 변하고 있다

FC 때 많은 점주들을 겪었지만 가장 어려운 분들은 연세가 많은 분들이었다. 옛날 생활방식이 익숙한 세대이다 보니 규율과 규칙을 번거로워했다. 유니폼 입는 것부터 싫어하는 분들도 제법 많았다.

"유니폼은 의사로 치면 가운입니다. 고객을 맞는 첫인상이고요."

"내가 이 나이에 그런 걸 어떻게 입어! 난 안 입을 거니까 강요하지 마!"

나는 기본 원칙부터 부딪히기 시작하는 상황을 앞으로 어떻게 헤쳐나가야 할지 막막했다. 다짐과 작전을 세웠다. 진심으로 도와주는 것을 느끼기 시작하면 마음의 문이 열릴 것이다.

마음의 문이 열릴 때까지 기다려야 한다. 강압적으로 유니폼을 입히면(어쩔 수 없이 입을 수도 있다) 내가 안 보는 시간에는 반드시 벗어버린다.

"네, 알겠습니다. 점주님께서 입고 싶을 때 입으시면 됩니다."

"처음 하시는 거니까 여러 가지 시행착오가 있으실 겁니다. 24시간

언제든지 전화하세요."

"알았어요, 고마워요."

그 뒤로 나는 다른 점포보다 그 점포에 자주 갔고, 신입 아르바이트

생도 직접 교육시키며 정성을 쏟았다.

아무래도 내가 교육하는 것이 훨씬 이해도가 빠르고 적응도 빨랐다. 그리고 판매 데이터, 잘나가는 상품, 결품난 상품 등 각종 자료를 만들어서 설명해 드렸다.

점주님은

"아, 알았어. 내가 알아서 할께, 자료 두고 가."

하루는 전화가 왔다.

"2층 ○○회사에서 ○○음료수를 50개 산다는데, 지금 30개밖에 없어. 혹시 근처에 있으면, 다른 점포에서 좀 빌려다 줘."

가맹점 시작 후 처음으로 내게 전화를 하셨다. 나는 근처에 있지 않았지만 가까운 점포에 수소문해서 30개를 구해 달려갔다.

덕분에 50개의 판매는 별문제 없이 이루어졌다.

FC라면 누구라도 했을 당연한 일이었지만 그 일이 있은 후 점주는 마음을 열기 시작했다. 갈 때마다 음료를 챙겨 주시며 소소한 집안 이야기, 사람 사는 이야기를 하시기도 했다.

옆에 앉아 맞장구를 치기도 하며 말동무가 되어 드렸다.

어느 날부터 점주는 유니폼을 입고 계셨다.

"와, 유니폼 입으셨네요?"

"입으라며? 내가 안 입으면 FC 혼난다며? 입으니까 뭐 입을 만하네."

너무나 고마웠다. 아들이 된 기분이었다. 연세가 있어 느리고 서툰 부분은 있었지만 노력하시는 모습이 아름다웠다. 그 점주님은 1년 뒤 근처에 한 개의 점포를 더 인수하셔서 운영하셨다.

지금은 삼전동에서 최고의 서비스와 청결을 자랑하는 점포가 되었다.

> 상생의 길

궁금한 게 많으니, 자세히 설명하라

신규 가맹점을 원하는 분과 함께 오랜만에 모 편의점 개발부 직원을 만났다. 전화 통화부터 약간은 어긋난 듯했지만 개의치 않았다(만나는 장소 문제로).

사무적이고 타성에 젖은 듯한 말투였다. 본사 입장에서 한 설명은 언제 들어도 달갑지 않다. 장사를 해보신 분도 계시고 심지어 편의점 가맹점을 해보신 경험자도 있지만 대다수의 상담자는 장사가 처음인 사람들이다. 그들은 무엇이 가장 궁금할까?

역시 점포의 매출과 내가 가질 수익이다. 물론 내 수익이 어떤 방식으로, 어떤 계약조건으로 형성되는지는 자세한 설명이 필요하다. 신규 가맹점을 원하던 한 분은 직장 생활과, 과거 잠깐 아르바이트를 해본 경험이 있다고 했다. 우리는 신규 오픈점에 대한 브리핑을 받았다.

인근에 같은 회사에서 운영하는 편의점이 있었다. 비슷한 상권인 듯해서 그 점포에 대한 질문을 많이 했다.

매출은 어떤지, 뭐가 잘 팔리는지, 어떤 시간대가 매출이 좋은지, 로스는 얼마나 나는지 등.

대강의 매출을 제외하고는 답을 듣지 못했다. 우리가 조사한 정보의 상권은 전형적인 오피스가였다. 주중 매출이 높고 주말 매출이 하락한다는 것, 주변 소규모 빌딩에 중소기업이 많이 입주해 있다는 것, 주택가가 일부 있기는 하지만 오피스가 성격이 강해 보였다(1주일 조사). 하지만 담당자는 주택가 상권이라고 이야기했고 로스는 잘 모르겠다는 대답을 했다.

"재고조사는 얼마 만에 합니까?"

"모르겠는데요."

'그건 영업부에 물어보셔야죠. 난 개발부 직원이라고요.'

답변은 무성의하게 느껴졌다.

어느 부서이든 모두 본사 직원이다. 설령 모른다면 알아봐서라도 답변해 주는 것이 도리라고 생각한다. 하지만 우리는 계약만 하면 일이 끝나고, 운영하는 것은 영업부에서 할 일이니 그것은 그때 가서 물어보라는 식이었다.

처음 하시는 분들은 질문이 많을 수밖에 없다. 더구나 온라인상으로 떠도는 부정적인 이야기가 불안을 야기할 수밖에 없으니 질문이 많은 것이 당연하다.

근본적으로 회사는 계약 체결 전 해당 점포의 매출과 산출 근거를 포함한 산정서를 서면으로 제공해야 한다. 예상 매출액의 산출이 이치에 맞지 않으면 곤란하다. 주변 점포 상권별 매출과 신규점 분석 자료, 계약 배분율에 따른 예비 점주의 손익 등을 볼 수 있어야 한다.

매출이 어떻게, 어떤 방식으로 이익이 나뉘고, 그중 내가 부담하는 비율은 얼마나 될지, 내 수익이 어떻게 나올지 자세히 알려주지 않는다. 문서로는 더욱 받기 어렵다. 나중에 그 수익이 안 될 경우 클레임을 받지 않기 위해서라는 것은 뻔한 예상이다.

하지만 그것은 잘못된 첫 단추다. 예상한 바와 어긋날 수 있다(오차가 사람에 따라 다르겠지만). '회사에서 예측한 프로그램으로 설명을 하더라도 예상을 벗어날 수도 있고, 경쟁점이 들어올 수도 있다'고 진심으로 설명한다면 적어도 나는 이해할 수 있을 것 같다. 오히려 숨기고 얼버무리는 것은 더 자신 없어 보인다. 충분히 설명했지만, 나중에 클레임 제기하며 이해 못 한다고 하는 점주라면 그 업종을 선택하지 말았어야 한다. 또 그런 분들은 다른 것도 사사건건 시비를 걸 수 있는 여지가 있다.

타협하라는 것은 아니지만 프랜차이즈 본사와 서로 양보하고 이해하고 어느 정도의 실수를 보완하고, 타당한 건의라면 받아줄 수 있는 점주와 본사가 되길 희망한다. 향후 오픈 준비부터 발주, 손익, 회사 지원 등을 자세히 설명한 부분에서 예상이 빗나가더라도 오히려 클레임이 없을 듯하다.

지금이라도 우리 직원들이 어떻게 설명하는지, 설명할 때의 어려움이 무엇인지 확인하여 예비 가맹점주들과의 첫 만남에서 신뢰가 쌓이도록 하는 것이 본사의 책임이다. 시간이 흐르면 양질의 점주들이 충을 이룰 것이고, 회사의 매출과 수익도 증가할 것이다.

서두르지 말고 뒤돌아보며 기초를 다져라. 그들이 앞으로 우리의 회사를 짊어지고 갈 예비 점주들이고 직원들이다.

> 상생의 길

다 바꿔 나가라

편의점에서 경력은 굉장히 중요하다. 경력과 노하우는 체계적인 시스템이 뒷받침돼야 하며, 그 룰을 기본 바탕으로 해야 한다. FC는 다양한 경험이 필요하다. 점포를 운영하며 직접 터득한 단품 관리 방법을 점포를 새로 계약한 신임 점주들에게 알리고 가르쳐 주어야 한다. 그렇기에 점장 시절의 점포 경험은 매우 중요하다.

이때 경험하지 못한 부분을 나중에 이론으로 접하고, 또 그 이론을 점주들에게 알려준다는 것은 분명 한계가 있다. FC는 점포에서 선생님의 역할을 하지만 의사의 역할도 해야 한다고 배웠다. 어디가 아픈지 정확히 진단해서 약을 처방하고 때로는 수술을 해야 할 때도 있다. 간이 나쁜 사람에게 위장약을 처방하고, 눈이 안 좋은 사람에게 간장약을 처방한다면 환자는 최악의 결과를 맞을 수 밖에 없다.

정확한 진단과 처방이 점포 운영에 필요하다.

FC들도 본사에 적극적인 도움을 주어야 할 직책이다. 좋은 점포

를 오픈하고(개발) 좋은 상품을 구비해야 한다. 판매가 잘 안되는 상품을 단지 마진이 좋고 GP(%)가 높다고 입점시킨다거나, 다른 경쟁사에서 이미 잘 팔리는 상품을 늦게 도입한다면 그 효과는 줄어들 것이 뻔하다.

남들보다 좋은 상품을 합리적인 가격으로 점포에 재빠르게 소개해야 한다. 그러기 위해서는 감각이 필요하다. 경험이 많다고 상품에 대한 감각이 뛰어난 것은 절대 아니다.

필자는 회사를 운영함에 있어 신규 상품에 대한 회의는 20대 신입사원이 주도하게 한다. 운영 방법과 가격에 대한 NEGO, 공장과의 협의는 경험이 있는 상사들이 진행하도록 하지만 신상품에 대한 아이디어는 신입사원이 주도하도록 한다. 유행과 트렌드에 민감한 젊은 그들이 주고객층이기 때문이다.

상품개발은 탑다운 방식(하향식)이 되어서는 절대 안된다. 개발자는 타성에 젖으면 절대 안 된다. 상품개발 경력이 없더라도 시장조사를 수시로 하고, 감각적인 아이디어와 의지가 있으며, 엉뚱한 생각도 곧잘 하는 직원이 개발자의 자질이라 생각한다. 엉뚱함과 상상력이 남들이 생각하지 못하는 상품을 개발할 것이며 히트상품을 개발할 것이라 확신한다.

이런 면이 신입사원에게 상품개발을 리드하게 하는 주된 이유이다. 어떤(편의점과 거래하는) 업체 간부에게서 한 번은 전화가 왔다.

"대표님, ○○○ 직원 사표 내고 그만뒀나요?"

"모르겠네, 난 그 직원과 거래하지 않아서, 하지만 알아봐 줄게."

한 시간 뒤 답을 줬다.

"아니, 회사 잘 다닌다던데?"

"네? 두 달 가량 연락이 안 되던데요. 전화도 안 받고…."

나도 그런 경험이 있다. 견적 내고 두 달간 미팅도 하지 못했다. 이유는 '바쁘다, 다른 일이 많다, 회사에 일이 생겨서…'였다.

그때 그때 핑계를 듣고 알았다고는 했지만 협력업체를 대하는 몇몇 직원들의 자세는 당혹스럽고 불쾌했다. 하지만, 을의 입장에서 상부에 이야기 하기도 어렵다.

　업체와 신임 점주를 대하는 태도와 기본적으로 교육 메뉴얼이 있어야 하는 것이 아닐까.

> 미래의 편의점

언택트 시대

텔레비전에서 우연히 김난도 교수의 강연을 들었다.

'바이러스가 바꾸는 것은 트렌드의 방향이 아니라 속도다.'

코로나바이러스 사태와 같은 돌발사태는 새로운 트렌드를 만들어 내기보다는 강해지는 트렌드는 더욱더 강하게, 약해지는 트렌드는 더욱 약하게 만든다고 한다.

언택트(사람을 직접 만나지 않고 물품을 구매하거나 서비스 따위를 받는 일) 시대다. 사람이 많이 모이는 곳, 먼 곳까지 가서 쇼핑을 하기보다는 집에서 가까운 곳에 가서 쇼핑을 하고, 집에서 모든 걸 받으려는 소비자들의 성향이 강해졌다.

'슬세권', 슬리퍼를 신고 나가서 쇼핑할 수 있는 가까운 상권을 말한다.

'편의점=슬세권'임을 누구도 부정할 수 없다. 코로나 사태로 인해 가장 많이 혜택을 본 곳(오프라인)이 편의점이라고들 한다. 그렇다면 모든 편의점의 매출이 증가하고 이익이 증가했을까? 어떤 편의점은 매출도 줄고 이익도 줄었다고 한다. 코로나 사태로 인해 고객이 감소하면서 매출이 하락했다는 논리다(공항, 병원, 사무실 주변의 점포 매출이 급락하여서).

코로나로 '슬세권'이 뜨고 편의점이 떴다고들 하지만 코로나 발생 후, 방향 설정을 잘하고 그에 맞는 대응 전략을 짜지 않았다면 결코 매출은 상승하지 않았을 것이다.

여객기를 화물기로 개조한 대한항공과 아시아나, 체험 비행 프로그램을 선보인 대만 타이거에어 등, 역발상 아이디어와 사업전환을 통한 속도는 경제의 한 축이 되었다.

편의점은 PB 상품(유통 업체가 자체 브랜드로 제작하는 상품) 개발을 가속화하고 있다. 일본 세븐일레븐의 상품 구성 중 70% 이상이 PB 상품이라는 이야기를 들은 적이 있다. 독특한 아이디어 상품, 가성비 좋은 디저트 상품들이 자리를 잡아가고 있다. 어쩌면 아주 극소수의 고객들만이 가성비 좋은 디저트를 접하고 있을 수도 있다.

편의점의 참신한 상품을 집에서 주문으로 받아보면 어떨까? 이미 배달은 시작하고 있지만 점포별로 결품이 많고 근무 인력이 적어 배달을 머뭇거리는 점주들이 많다.

푸드를 강화한다고 먹거리 장비를 입고시키고 운영하도록 하지만

224

필자가 보기에 그것은 겉치레인 것 같다. 혼자 근무하는 편의점에서 모든 장비를 가동하기란 쉽지 않고, 폐기까지 부담하면서 그 장비들을 가동한다는 건 어불성설이다.

시스템을 보강하여 운영자가 편하게 가동하고 일하게 해주어야 한다. 우리는 배달앱을 이용하고, 온라인으로 많은 상품을 주문한다.

편의점도 활성화해야 한다. 전국에 물류센터를 가지고 있고 점포가 운영 중이다. 기초는 이미 준비되어 있다. 적극적으로 방법과 방향을 연구하여 온라인 배송을 확대하자.

가정에서 편의점의 품질 좋은 다양한 PB 상품을 받아볼 수 있게 하는 것이다.

S 커피숍의 질 높은 케이크와 같은 제품을 저렴하고 편하게 집에서 먹을 수 있다는 것은 고객과 그만큼 가까워질 수 있다는 것이다.

트렌드는 방향도 중요하지만 이제 속도가 더 중요한 시대다.

225

> 상생의 길

익숙함을 버려라

익숙함에는 여러 가지가 있다.

고객에 대한 익숙함, 상품에 대한 익숙함, 직원에 대한 익숙함, 납품 업자에 대한 익숙함.

인간은 누구나 자신에게 불리한 일은 피하려고 한다.

내가 혹시 실수라도 해서 상품이 잘 안 팔리면 어떻게 하지?

마진과 장려금을 확보해 혹시 팔리지 않을 상품에 대한 면피를 먼저 하려 한다. 업자가 상품을 가져오게 하고, 그들과 마진과 장려금에 관한 대화를 먼저 하게 된다.

이렇게 탄생한 상품이 잘 팔리겠는가?

회사 간부도 마찬가지이다. 자신에게 익숙한 사람을 등용하고 승진시킨다. 하지만 결과를 돌아보라. 내가 갖고 있는 경험을 경영에 반영해서 성공했는가? 내가 가진 경험으로 영업을 한다는 것은 100점 만점에 50점을 보여주는 것이다.

시간이 지나면 고객과 직원들은 80점 이상을 요구하게 될 것이다.

더구나 내가 지닌 경험과 내가 익숙한 직원이 반드시 성공한다는 보장도 없다. 단지 익숙한 직원이라고 해서 그를 요직에 등용한다면 익숙함은 오히려 독이 될 가능성이 높다. 내게 익숙하다면, 그들에게도

내가 익숙할 것이기 때문이다.

노련한 경험이 있다고 해도 그 경험을 버리고 독창적인 아이디어로 핵심 부서를 끌고 갈 역량이 있는 직원이 도움이 된다.

앞서 이야기 한 바와 같이 상품에 대한 경험과 익숙함을 가진 직원보다는 잘 모르지만 재치가 있고 감각이 있는 직원이 더 잘하리라 확신한다.

'고객은 항상 변화한다.'

'고객의 입장에서 생각하라.'는 말은 유통업에 종사하지 않더라도 많이 접하는 말이고 진리이다. 하지만 우리는 그들의 입장보다는 내 입장, 내 경험으로 그들을 판단하고 결정하고 있지는 않은가?

'고객은 전문가이다.'

나의 익숙함을 더 이상 그냥 지나치지 않는다. 서서히 점포를 벗어날 것이고 더 나은 점포를 찾을 것이다. 나도 모르는 사이, 시간이 지날수록 고객 수는 하락할 것이며 매출도 하향곡선을 그릴 것이다.

움직이는 고객들을 충성고객으로 만들기 위해서는 우리는 보다 빠르게 변화해야 한다.

가지고 있는 모든 경험을 버려라.

익숙함을 버려라.

그렇지 않으면 배는 서서히 가라앉고 결국에는 침몰한다.

> 미래의 편의점
매력 있는 점포

일본의 편의점이 2021년 무인점포 1,000여 개를 추가로 오픈한다는 뉴스를 봤다. 한국도 무인점포를 테스트 중에 있다.

무인점포의 가장 큰 목적은 '인건비 절감'이다.

얼마 전 동네에 무인 카페 1호점이 생겼다. 커피도 팔고 마카롱 등 디저트도 판다. 무인 아이스크림, 과자, 카페도 증가하기 시작했다. 우리나라도 치솟는 인건비를 이제 감당할 점포가 많지 않다. 매출이 높아도 최소한의 인건비를 주고 나면 '차라리 야간 아르바이트를 하는 것이 수입이 더 좋다.'는 말까지 있다. 주인보다 아르바이트생 급여가 더 많은 상황이 적지 않은 현실이다.

편의점에 푸드 매출이 중요한 부분임은 맞지만, 인건비 문제로 1명이 근무하고 있는 체제에서 각종 조리기구가 증가하는 것은 생각해볼 문제이다. 그렇다고 그 기기들로 인한 매출의 폭이 큰 것도 아니다 (시간대별 판매 상품 변화와 집중이 더 중요해졌다).

229

230

물론 특수한 상권의 점포에서는 고구마가 많이 판매될 수도 있고, 호빵이 많이 판매될 수도 있다. 그렇다고 무작정 동일한 장비들을 넣어서 점포를 오픈하는 것은 좋지 않다. 장비 구매에 따른 투자금액과 투자금액 대비 매출을 생각하고 준비하는 것이 바람직하다.

고객은 작더라도 매력 있는 점포를 원한다. 책도 읽고 공연도 하는 동네 작은 카페의 매출이 생각보다 높다는 내용을 봤다. 언택트 시대에 차별화된 장소가 가까이 있다면 얼마든지 슬리퍼를 신고 나가 여유를 즐길 수 있다(슬리퍼 상권).

편의점도 알찬 매력에 목말라 있는 소비자에게 접근할 수 있도록 점포를 꾸미면 어떨까? 일반 생활용품(잡화, 세탁세제, 조미료 등)을 진열할 공간에 따뜻한 커피와 디저트와 함께 책을 읽을 수 있는 매장으로 꾸민다면 어떨까?(음식과 와인도 좋다)

구시대적 사고는 버려야 한다. 편의점에 반드시 이것저것 다 있어야 하는가? 상권에 맞게 젊은 층이 많은 곳, 학생이 많은 곳, 회사 로비, 병원 로비, 대학 교내 등 특수한 상권에 맞는 상품을 다시 정비하는 것이다. 적은 아이템과 인원으로도 매출이 발생하는데, 많은 아이템을 관리하고 폐기가 발생하는 어려운 구조를 꼭 가지고 갈 필요가 있을까?

책은 온라인으로 대부분 주문하지만 간혹 서점에 가기도 한다. 베스트셀러를 확인하고 구매하는 것이 우선이다.

동네에서 비슷한 가격에 베스트셀러를 살 수 있다면 굳이 차를 타고 나가지는 않을 듯하다. 이제 기존의 사고에서 벗어난 발상의 전환으로 매력 있는 점포를 탄생시켜 보자.

한 가지 모델이라도 좋으니 실험하고 정착시켜 나아 가야만 한다.

실패를 두려워하지 말자.

> 상생의 길
현장의 반란

수도권을 벗어난 소도시에는 편의점이 없기도 하지만 대부분의 도시에는 편의점이 블록마다 있다 해도 과언이 아니다. 편의점의 포화 상태이다.

각자 세운 계획을 달성하기 위해 미래의 편의점을 향해 달려가고 있다. 치열한 경쟁 속에서 1등은 유지하려 애쓰고, 2, 3등은 1등이 되기 위해 노력한다.

1등은 어떤 의미일까? 매출 1등? 점포수 1등?

상위 브랜드 3사가 차지하는 편의점 본사가 각각 점포수 1만 개를 돌파하면서 더 이상 점포수는 의미가 없을 것 같다. 점포당 평균 매출을 상승시켜 점포당 이익금액과 이익률을 올려 알찬 점포를 만들어가는 것이 본부의 과제일 것이다.

탄탄하게 점포를 관리하고 유지시킨다면 점포를 계약하고자 하는 예비창업자들이 줄을 설 것이며, 오픈도 탄력을 받을 것이다.

점포당 매출과 이익을 극대화하기 위해서는 상품, 마케팅, 영업전략이 필요하다. 더 이상의 Top down(하향식) 방식은 통하지 않는다. 사장이 모든 것을 결정하는 시대는 지났다. 지금, 가장 중요한 것은 현장의 목소리이다. 현장의 목소리를 무시하거나 설득하려고 하면 안 된다. 기득권의 목소리를 더 이상 방치해서도 안된다. 현장 근무자, FC의 목소리를 가감 없이 들어야 한다. 하급자들로부터 의견과 아이디어가 올라와야 한다. Bottom up(상향식)의 방식이 철저하게 접목되어야 한다.

조카가 얼마 전 군대를 갔다. 우리 때와 달리 고참들과 내무반 생활을 하지 않고 동기들과 지낸다고 한다.

군대가 '참 편해져 가는구나' 하는 생각이 들었다.

여러 가지 장단점이 있겠지만, 이것이야말로 Bottom up 방식의 일부라는 생각이 든다. 고참 없는 내무반에서 규칙을 정하고, 의견을 수렴하여 소대장에게 보고하는 것이다. 내무반 미팅에는 고참이나 소대장이 참석하지 않는다고 한다. 많은 의견들이 수렴되고 반영된다고 한다.

우리는 어떠한가? 소통한다는 명목하에 직원들을 모아놓고 대표가 회의를 주도하며, 부하들의 의견을 묵살하거나 설득한다. 직원들은 사장의 눈치를 보며 해야 할 이야기를 못한다.

236

이것은 소통이 아니다. Bottom up을 가장한 Top down 일뿐이다.

어떤 임원이 이런 말을 했다.

"우리는 하나의 팀으로 소통을 중시하며, 그들이 결정한 내용을 100% 수렴한다."

마치 자기가 신이 된 듯 자랑했다. 실제 그런가? 직원들의 입장에서는 그렇지 않다. 결제 시 사사건건 토를 달고 수정을 요구한다. 수정을 하면 또 다른 수정을 요구한다. 그렇게 시간이 흐르고 타사에 비해 늦은 결정이 내려진다.

한심한 일이다. 본인의 말과 행동이 다르다는 것조차 모른다. 아래로부터의 혁신이 일어나야 한다.

현장의 반란이 없는 조직은 도태될 것이다.

237

> 미래의 편의점
특수 도시락을 만들자!

불규칙한 식습관과 불균형한 식단의 영향으로 각종 질병에 시달리고 있다. 아프면 병원에 가서 의사의 진단을 받고 약을 처방받는다.

미래에는 이처럼 식단에 관한 처방전을 받아 식품 전문점에서 구입할 수도 있을듯하다.

당뇨, 치매, 비만 등의 질병이 증가하고 있다. 먹지 말아야 할 음식과 꼭 먹어야 할 음식 등을 처방받기도 한다.

늘어나는 1인 가구와 노령인구, 식단을 조절해야 하는 환자를 겨냥한 '건강도시락'을 개발하여 배달하는 시스템을 구축하면 어떨까 싶다.

이미 온라인 시스템을 구축하여 사업을 시작한 업체들이 활성화되고 있다.

편의점이 도시락에 대한 많은 기술과 위생상 안정성이 높은 공장을 운영하고 있으니, 건강도시락에 대한 개발도 어렵지만은 않을 것이다. 전국 10,000개 이상의 점포에 구축되어 있는 시스템을 편의점은

가지고 있다. 어느 업체가 그리 많은 숫자의 점포를 가지고 있겠는가? 상당히 큰 장점이다. 스마트 택배 시스템처럼 점포에서 찾아가도 되고, 집으로 시간 맞추어 배달해도 된다.

안정화되기까지 시행착오가 있겠지만 투자라고 생각하자. 대부분의 환자들은 좋은 재료로 만든 상품이라면 큰 금액을 지불하고도 사려고 한다. 건강에 대한 투자를 아까워하지 않는다.

고령화시대가 되다보니 건강에 대한 관심이 높다. 건강한 노년생활을 보내려 한다.

건강하게 만든, 나에게 특화된 도시락이 매일 내 앞에 놓여있다면 얼마나 좋을까?

> 상생의 길
창의력과 상상력

소비자들은 온라인과 오프라인을 넘나들며 쇼핑을 한다.

'옴니채널(소비자가 오프라인, 온라인, 모바일 등의 여러 경로로 상품을 검색하고 구매할 수 있도록 제공하는 서비스)'의 구축 후 쇼루밍족(오프라인 매장에서 제품을 살펴본 뒤, 가격이 저렴한 온라인 쇼핑몰에서 제품을 구매하는 사람) 뿐만 아니라 역쇼루밍족(온라인 쇼핑몰에서 제품을 자세히 살펴본 뒤, 오프라인 매장을 방문하여 구매하는 사람)도 증가하는 추세이다.

재미있는 매장을 구축하지 못하는 소매업은 소비자들에게 외면받을 수밖에 없다. 세계의 각 소매업종들이 앞다투어 온·오프라인을 연계하고 있으며, 온라인의 거대 공룡인 아마존도 오프라인 매장을 확장하는 추세이다.

편의점도 더 이상 과거 소매업의 형태에 머물러 있어서는 안 된다. 언제까지 온라인 시장의 활성화와 코로나 핑계를 댈 것인가?

밖으로는 사회적 책임과 역할을 해나가며, 안으로는 끝없는 창의력과 상상력을 발휘해 지속적인 변화와 혁신을 꾀해야 한다. 신속한 혁신과 과감한 결정이 없는 편의점은 도약하기 힘들 것이다.

온라인 시장의 활성화로 오프라인 매장이 줄어들고 매출도 천차만별이다. 온라인 시장의 활성화가 주된 원인이라고 대부분 지적하고 있으나, 반드시 그런 이유만은 아니다. 변화하는 소비자의 쇼핑 패턴을 빠르게 읽지 못하고, 과거의 경험에 묶여 고객의 니즈를 따라가지 못하고 있는 것이다.

성공적인 점포를 만들기 위해서는 고객이 경험하고 싶도록 해야 한다. 점포에 변화를 주고 많은 정보를 고객에게 공유해야 한다. 점포 디자인과 상품의 진열과 배치를 재검토해야 할 시기이다. 무인점포가 앞다투어 개발되고 있는 것도 같은 맥락이지만, 그 중심인 소비자가 원하는 경험을 재미있게 구축하지 못하는 무인점포는 성공하지 못할 것이다.

고객은 원하는 제품이 어디에 있는지, 구매 후 어떻게 사용하고 요리하는지, 원하는 배송지로 상품을 받을 수 있는지 궁금한 것이다.

코로나 사태로 빠른 혁신과 변화를 끌어낸 기업과 그렇지 못한 기업의 구분이 확실해질 것이다. 경직된 기업문화와 계층구조, Top down 방식을 고수하는 기업에 미래는 없을 것이다.

편의점 점포는 상품을 진열하고 누군가 서서 판매하는 시스템에서 벗어나야 한다. 어떻게 상품을 제공하고, 고객에게 어떤 역할을 할지 고민해야 한다. 디지털 비즈니스모델을 구축해 새로운 모델로 수익 창출을 해나가야 한다.

과거에 머물러 있는 편의점은 살아남을 수 없음을 다시 한번 상기하며 미래를 위한 혁신을 기대하는 바이다.

재미있는 정보가 있는 점포를 구축하기 위한 아이디어를 몇 가지 제안해 보도록 하자.

1. 점포 입점 시 출입구에서 QR코드를 읽으면, 그 점포의 카테고리별 베스트 아이템을 알려준다(행사 포함).
2. 내가 찾는 상품을 입력하면 그 상품이 어디에 있는지 알 수 있다.
3. 상품 구매 시 그 상품의 할인, 행사, 기간 등을 자세히 알려준다.
4. 내가 구매한 상품의 정보뿐만 아니라, 어떤 방법으로 먹는지, 요리는 어떻게 하는지 알려준다.
5. 구매한 상품과 연계해서 잘 어울리는 상품은 어떤 게 있는지 알려준다(추가·연계 구매 가능).
6. 구매하진 않았지만 추후 구매하고 싶은 상품을 저장하고, 온라인에서 주문·택배·배달로 집에서 받을 수 있다.
7. 구매 패턴을 분석하여 고객에게 신제품 및 유사 상품 입고 시 정보를 제공한다.
8. 자주 가는 점포의 차별화된 행사를 고객에게 매일 제공한다.

> 상생의 길
고객이 판단한다

후배가 좋은 회사를 그만두고 유럽에서 젤리를 수입하는 사업을 시작했다. 조그만 창고에서 시작해 참 고생도 많이 했다. 수입에 관한 어려움과 판매처와 재고에 대한 부담, 물류비 증가 등으로 손실이 컸을 것이다.

예전과 다르게 편의점에서 젤리는 매출이 높은 카테고리에 속하게 되었다. 평소에는 관심이 가지 않은 젤리였지만, 히트 상품의 한 축을 이루고 있기에 여러 가지를 먹어보았다. 맛과 생김새도 다양했지만, 잘 팔리는 이유를 알 수 있을 것 같았다.

후배가 찾아와서 직접 수입한 젤리들을 보여주며 편의점 입점을 부탁했다. 제품의 모양이나 맛이 분명히 차별화되어 있고 충분히 경쟁력을 갖추었다 판단하고 흔쾌히 승낙했다.

A 편의점에 담당자를 소개받고 미팅을 했다. 차별화된 맛과 디자인을 어필했다. 담당자는 피드백을 거의 한 달 만에 보내왔다. 상품에 큰

메리트가 없어 입점이 안 된다는 통보였다. 나보다는 젤리 전문가라고 생각했기에 그런가 보다 하고, B 편의점에 다시 입점 상담을 했다. 일주일 만에 입점 허가를 받았다. 해볼 만하다는 의견과 점주들과 고객의 판단에 맡긴다는 의견이었다.

젤리는 순조롭게 입고되어 꾸준한 매출을 올렸다. 그러던 어느 날 유튜브에 우리 젤리를 형상화한 영상이 올라왔다. 우리가 계획한 마케팅과 연출은 아니었지만 재미있는 발상으로 높은 조회 수가 나왔다. B 편의점 본사의 발주가 폭주하기 시작했다. 엄청난 매출의 증가였다.

상품은 아무도 모른다. 잘 팔릴 것 같은 상품도 막상 점포에 진열하면 안 팔리는 상품이 허다하고, 잘 안 팔릴 상품 같은데 막상 뚜껑을 열면 잘 팔리는 상품이 있는 것이다.

뒤늦게 A 편의점 담당자에게서 연락이 왔다. 당사에서도 입점하겠다는 요지였으나 당장은 재고가 부족해 어렵다는 이야기를 했다.

물론 지금은 입점하여 판매되고 있지만 선점해 판매하는 B사에 비하면 매출은 2분의 1 정도에 불과하다. 스타트는 이렇게 중요한 것이다. 빠르게 입점했다면 A사는 지금의 두 배 이상의 매출과 이익을 볼 수 있었을 것이다.

편의점 상품은 크게 식품과 비식품으로 나눌 수 있다. 식품은 유통기한이 짧고 비식품은 길다고 볼 수 있다. 유통기한이 짧은 상품이기에 트렌드도 아주 짧다. 수시로 변화하는 소비자의 트렌드를 좇아가는 것이 상당히 어렵다. 그렇기에 신상품을 도입할 때, 단지 한 명의 담당자가 판단할 수도 없거니와 그렇게 해서도 안 된다.

직접 제조하는 도시락이나 삼각김밥과는 조금 다를 수 있다. 상품에 대한 판단은 소비자, 즉 고객이 하는 것이다. 본사의 직원이 판단하기에는 경험이나 경력이 미덥지 않다.

우리 회사도 최근에는 많은 상품을 협의했지만 대부분 도입되지 않았다. 개인의 판단과 경력만으로는 안 팔린다는 것이다.

나는 상품 도입 시 항상 점포에 가서 오랜 시간을 관찰하고 연구한다. 분명 내가 제안한 맛을 가진 상품과 비교 대상도 없었기에 제안을 했음에도 입점 거절을 당한다. 물론 담당자의 생각과 판단이 다를 수는 있다. 하지만 유통기한이 그리 길지 않은 상품을 그렇게까지 까다롭게 도입한다면 점주나 고객들은 흥미를 느낄 수 없을 것이다. 다양한 상품을 꾸준히 도입하는 모 편의점을 보면 점주들이 즐거워하고 제품에 대한 자신감을 느끼는 것 같다.

어느 편의점에 가보면, 언제든지 디저트가 충분하게 진열된 것을 보고 본사에서 폐기 지원 등 많은 지원이 있겠거니 생각을 했다. 그러나 착각이었다. 그 편의점 점주는 이렇게 말했다.

"지원은 없다. 상품의 성공에 대한 자신감인 것 같다."

맞는 말이다.

"하나의 상품을 성공시키고 나면, 그다음 상품의 전개는 훨씬 더 자신 있게 진행할 수 있는 것이다."

이러한 점이 바로 '단품관리'의 핵심 아닐까 생각한다.

상품에 대한 평가는 다름 아닌 고객이 하는 것이다.

본사가 판단해선 안 된다.

열쇠

셋

납품업자의 마인드
조건과 개발

납품업자의 편의점 거래조건

편의점의 숫자가 계속 증가되고, 프랜차이즈 점포 수가 1위가 되면서 많은 업체들이 편의점과 거래하고 있고, 거래하려고 하는 회사들도 많다.

편의점은 기본적으로 가맹사업을 하는 업태이다.

다시 말해, 본부에서 일괄적으로 상품을 점포에 입고시킬 수 없으며 강제로 발주할 수도 없다.

각 점포에 독립 계약한 가맹점주들이 각자 발주하는 시스템이다.

물론 본사에서 중점 상품과 신상품, 전략상품, 계절상품, 행사상품 등을 설명하고 권유하지만 절대적으로 발주의 권한은 점주에게 있다. 첫 거래를 하려고 하는 분들에게 조금이나마 도움이 될 수 있도록 대략적인 조건을 설명한다.

단위 : 만원

상품명	○○○○	
판매가	1,000	GP(%)가 결정되면 본사에서 판매가를 설정함
GP(%)	50	본사와 거래처 간의 거래 조건 (상품군 별도 GP(%)는 상이함)
공급가	500	본사에서 점포에 공급하는 가격

* 납품업체 비용 부담 내역		
제품 원가	300	제품의 원가(원재료비+부자재)
물류비 (10~15%)	60	본사에서 운영하는 물류센터에서 점포까지 배송되는 물류비용(업체 부담), 공급가에 결정된 %로 지불해야 함 (공급가*12%).
2차 물류비 (5~10%)	40	3차 물류 이용 편의점 본사에서 운영하는 전국(제주도 포함) 물류센터까지 가는 비용(공급가*8%)
LOSS(1%)	5	이동 중 파손 분실 등 비용(업체 부담)
본부 경비 (5%~10%)	25	본사 영업비용 등 본부 제 경비
총합계	430	

251

* 납품업체 이익		
공급가	500	편의점 공급단가
총비용	430	업체 총비용
이익	70	1개 판매 시 이익금. 이익률 14%

* 그 외의 비용

상품 입점 시 판매 장려금, 발주 장려금, 광고비, 신상품 고지물 비용 등 본사마다 상품군 별로 약간의 차이가 있다. 많은 비용이 발생하기 때문에 꼼꼼히 손익을 계산하여야 한다.

또한 상품 도입률이 다르고, 판매가 부진할 경우 재고가 쌓일 수 있어 독점거래 시 상당한 주의를 요하며 담당자와 긴밀한 협의를 해야 한다. 재고가 많이 남아서 행사를 유도할 경우 손해를 볼 수도 있다.

점포가 많아서 발주가 많이 이루어질 것이란 착각에 빠지면 안 된다.

내 상품이 판매가 좋다면 다른 업체에서 비슷한 상품을 출시한다. 편의점 본사 입장에서는 납품업체에 대한 도리나 신의보다는 기업의 이익이 더 중요하기 때문이다. 바람직하지 못한 행태이다(잘 팔리는 상품을 개발한 업체에 더 좋은 거래 조건 제시).

반대로 납품업체도 많은 경비를 요구하는 본사와는 거래하기 싫어하며, 경비를 충당하기 위해 상품의 질이 하락할 수 있다. 서로가 원치 않은 방향으로 흘러가게 된다. 여러 가지 조건들을 면밀히 분석하고 좋은 상품을 공급하는 것이 가장 현명할 것이다.

상생하지 않는다면 발전은 없다.

> 미래의 편의점
납품 못 할 상품은 없다

편의점은 만물상이다. 상품 수가 백화점이나 할인점보다 많지는 않
지만 생활에 필요한 상품은 거의 다 있다. 그래도 편의점은 먹거리들
의 판매 구성비가 높은 게 사실이다.

나는 23년간의 직장 생활을 마치고 2015년에 창업을 했다. 이제 내
일 좀 해볼까 하고 시작했고, 함께 근무하던 후배들이 같이 동행해 주
었기에 큰 힘이 되었다. 긍정적인 사고방식이 긍정적인 결과를 도출
한다는 말을 100% 믿고 있다.

시작도 마음 편하게 했고, 지금도 별 어려움 없이 회사를 운영하고
있다. '욕심만 안 부리면 된다.'는 어르신들의 말씀을 지키려 노력하고
있다. 제조공장 인수, 다른 사업 진출 등 다양한 유혹을 받았고 성사
직전까지 가본 적도 있다.

그때마다 우리 직원들은 "안 됩니다."라며 나를 말렸다. 내 욕심대로
했다면 이 글을 쓰지 못했을 것이다.

🔒

그렇다고 회사를 더 키우려는 욕심까지 버린 것은 아니다. 단지 좋은 때가 오면 좋은 결과가 있을 것이라는 생각을 갖고 상시 준비하고 있다.

2015년 수제 초코파이를 시작으로 지금 효자상품인 오븐에 구운 도넛까지 해마다 나름 좋은 상품개발을 통해 히트 상품을 만들어 왔다. 2018년 '달달꿀떡'(대구 봉덕시장에서 유명한 꿀떡)의 개발로 그 해에 세븐일레븐 히트 상품으로 선정되기도 했다. 편의점과 거래하기를 원하는 분들께서는 다양한 전략을 가지고 접근할 필요가 있다.

"반품은 얼마나 되나요?"

"하루에 1개만 발주 돼도 1만 점포니까 한 달이면 3십만 개 아닌가요?"

냉장 안주 납품회사 사장님의 이야기다. 편의점에 납품을 했는데 재고 예측이 어려워 많은 재고가 남았다. 재고 처리를 위해 행사를 하라는 요청을 어쩔 수 없이 했는데 대략 5천만 원의 행사비가 나왔다.

손해만 보고 다시는 편의점과 거래를 안 한다고 했다.

편의점마다 약간씩 다를 뿐 거래 조건은 거의 대동소이하다. 장려금, 행사 비용, 물류비용 등 업체가 부담할(어쩔 수 없이) 비용이 많으니 손익계산을 철저하게 하고 거래하는 것이 좋다. 섣불리 중소업체가 달려들었다 손해를 볼 수도 있다(거래를 하고자 하시는 분, 거래 형태를 알고 싶은 분은 편하게 연락하셔도 된다).

편의점은 우리의 일상이다. 어떤 상품이라도 고객에게 필요한 상품이라면 거래할 수 있다. 단 해당 분야에 많은 지식과 경험을 갖추면 당연히 더 좋겠다. 충분히 심사숙고하고, 날카롭게 분석하고 거래하시라.

> 상생의 길

다시는 거래 안 해

A 편의점과 손잡고 1년가량 거래한 중소기업 대표의 사연이다.

3~4 품목의 상품을 개발하고 론칭했었다. 초기 비용이 많이 들었지만 점포 수가 많은 큰 편의점이라 희망적이었다. 운영만 잘 한다면 좋은 기회가 될 것이라 생각했다. 독점상품이라 디자인도 원하는 대로 해주고 상품도 정성을 다해 만들어 납품했다.

론칭 첫 달은 손해가 나더라도 홍보 효과도 있고 후속 상품이 계획되어 있으니, 둘째 달부터는 매출이 발생해 이익이 생길 것이라고 생각했다. 하지만, 첫 달 손해 보고 시작한 상품이 둘째 달에 발주가 거의 없어 물류비 부담이 커지고 재고가 쌓이기 시작했다.

담당을 만나 다음 상품 발주량에 대해 알려달라고 했더니 자기도 모른다고 했다. 도저히 예측을 할 수가 없었고 담당도 아무런 이야기를 해주지 않았다. 두 번째 발주물량은 첫 거래 상품과 비슷하게 준비하기로 했다.

첫 상품의 재고가 남고 유통기한도 점점 다가오고 하여 담당을 다시 만나러 갔다.

"행사를 해서 소진하시죠. 장려금 걸고 행사하면 재고가 소진될 겁니다. 물론 업체 부담 100%입니다."

행사 시 발주량과 부담 금액조차도 가늠할 수가 없었다. 결국 행사를 걸고 재고를 소진했다. 다음 상품도 그다음 상품도 비슷한 상황이었다.

결국 1년 동안 몇 천만 원 손해를 본 후 편의점과 거래를 끊었다. 다시는 편의점과 거래하지 않기로 마음먹었지만 억울하고 야속했다고 한다.

담당은 담당대로 발주가 어떨지 알 수 없고, 남은 재고는 행사로 빼줬다고 자기 합리화할 것이다. 원칙대로 했기에 아무 문제 없다고 할 것이다.

맞다. 법적으로 문제없이 처리했을 것이다. 하지만 그것은 상대방의 입장을 고려하지 않은 행동이다. 상대방은 자기 비용을 들여 정성껏 원하는 스펙으로 상품을 만들어 납품했다. 직원들이 밤샘해가며 생산한 상품을 납품한 것이다. 예측했던 것보다 인건비, 재료비, 물류비가 추가로 발생했다. 예측 못한 부분을 중소기업 대표의 잘못으로

만 돌리는 것은 나쁜 행동이다. 나만 잘 먹고 잘 살면 된다는 사고는 없어야 한다.

어려움을 겪는 납품업체는 반드시 도와주어야 한다. 상품 판매가 잘 되도록 유도하고 마케팅 전략을 짜야 한다. 던져놓고 끝이라면, 장려금만 달라고 한다면 그것은 MD가 아니다.

상품에 무관심하고 돈 이야기할 때만 전화가 가능한 직원이 있는 본사라면 향후 그 회사의 운명은 불 보듯 뻔하다.

> 상생의 길
상품을 키워나가자

최근 C 편의점과 방송이 손잡고 '편스토랑'이란 방송을 하고 있다.

자주 보진 않지만, 뭐가 또 나왔나? 인터넷을 뒤져보고, C 편의점에 가끔 들러 정말 궁금한 것을 사서 맛을 보는 편이다. 방송이 고객을 점포로 오게 하고 맛을 보게 한다. 또한 대량생산이 힘든 상품은 한정수량으로 판매한다.

TV에 방송된 상품이기에 C 편의점 직원들은 신경을 많이 쓸 것이다. 공장위생, 포장지 디자인, 배송 관계, 점포 발주, 진열 등… 고객의 손에 들어가기 전까지 다른 상품들보다 두 배 이상은 신경을 쓰리라 예상한다.

자칫 실수를 해서 상품에 문제라도 생긴다면 큰일이기 때문이다. 또한 먹어 본 고객들에게 맛없다는 평가를 받아서도 안 될 것이다. 점포에서는 점주들도 기대를 갖고 발주를 할 것이며 또 다음 주에는 무엇이 나올까 기대할 것이다. 매주 한 품목씩 선보이는 편스토랑 상품은 판매 시 많은 행사를 한다. 상품을 증정한다거나, 구매 시 사은품을 준다거나, 본사의 입장에선 TV에 나온 상품이기에 철저하게 마케팅하고 계획적으로 공급해서, 점주와 고객들을 만족시키기에 최선을 다할 것이다. 점주 입장에서도 TV에 방영된 홍보 효과가 큰 상품이다.

도입률이 90% 이상은 되리라고 생각한다. 대부분의 점포가 발주하고 직원, 점주가 신경 쓰며, TV 방송까지 하니 날개를 달았다. 편의점들은 자기들만의 독점상품 비율을 높여가며 상품이 히트치기를 기대한다.

그래서 상품개발 후 미팅을 하면 자기들하고만 거래해달라고 강요한다. 하지만 위에서 본 것처럼 독점으로 판매되기를 희망하고, 오랜

시간 정성껏 만든 상품이라면 TV 홍보는 못 하겠지만 발주, 진열, 마케팅 등은 최대한 신경 써서 판매해 주어야 한다.

납품업자의 입장에서도 독점 판매는 어려운 것이다. 원재료, 부자재 등 재고에 신경을 쓰지 않을 수가 없다. 정성 들여 만든 상품의 도입률이 전체 공간에 20~30%밖에 안 되어 고객들에게 선보이지도 못한다면 무슨 소용이 있겠는가? 오로지 마진율, 행사비 등의 이익만 취하려는 본사와 애써 열심히 팔아주려고 하는 본사 중 어떤 편의점 본사와 거래하고 더 좋은 상품을 공급하고 싶겠는가?

우리는 다시금 기초적인 문제를 돌아보고 마음가짐을 다잡을 필요가 있다. 세월이 바뀌어도 기본은 변하지 않는다.

진리는 복잡하지 않다.

첫 단추를 잘 끼워야 한다.

용어정리

1. 점포(STORE)

상품을 진열하고 고객을 맞이하기 위한 공간

2. 경영주, 점주

점포를 운영하기 위해 본사와 프랜차이즈 계약을 맺은 주체(사람)

3. 메이트, 알바

점포 운영을 위해 점주가 뽑아서 함께 일하는 아르바이트

4. 필수 상품, 중점 상품, 기본 상품

점포에서 판매하는 모든 상품 중 꼭 있어야 하는 중요한 상품

본사에서 정해서 정보를 주고 있으나, 점포별 차이는 있을 수 있음

5. 계절상품

계절별로 취급해야 할 상품. 그 계절이 지나면 다음 계절 동안 취급하지 않는다. 계절상품임에도 불구하고 4계절 운영되는 상품도 있다(호빵, 파우치 아이스커피, 어묵, 군고구마, 선글라스).

6. POS(POINT OF SALES)

금전등록기와 단말기의 기능을 결합한 System

매출금액을 정산해 줄 뿐만 아니라, 점포경영에 필요한 각종 정보와 자료를 수집, 처리해 주는 시스템이기도 하다.

7. 정산금

계약조건에 따라 월 마감 후 매출 순이익을 배분율에 따라 정리 후, 점주에게 본사에서 지급하는 금액

8. 레이아웃(LAY-OUT)

점포 내 상품의 진열 위치, 즉 배열을 말한다.

통상 연계 진열(연관 있는 상품을 같이 진열. 빵과 쨈, 우유), 모음 진열(비슷한 상품 군끼리 모아서 진열하는 방법)을 그 기법으로 활용한다.

9. 선도관리

협의의 선도관리는 유통기한 관리, 광의의 선도관리는 신선한 상품 판매, 신상품 판매, 상품에 맞는 온도관리 등이다.

10. 결품

상품이 부족하거나 없는 상태(고객이 찾는 상품이 없는 경우 매출이 하락한다).

11. 손실(LOSS)

매출을 올릴 수 있었으나, 상품 결품으로 인해 매출이 늘어나지 못한 경우.

12. FOOD(푸드)

각사마다 FOOD에 포함되는 상품군의 차이가 있으나, 통상 쌀로 만든 즉석 상품(김밥, 도시락, 주먹김밥)과 제조한 지 얼마 안 되는, 유통기한이 짧은 먹거리(김밥, 도시락, 샌드위치, 햄버거, 디저트 류 등)를 통합적으로 지칭

13. PB(Private Brand) 상품

각 판매사의 상표를 부착한 상품으로, 해당 회사에서만 취급하고 관리하는 상품이다. PB 상품의 구성비가 점점 높아지고 있다(일본 세븐일레븐의 경우 70% 이상).

14. 단품관리

상품의 움직임을 파악하고 미래를 예측하여 상품을 관리하고, 매출을 극대화하는 방법이다. 상품마다 팔리는 이유와 팔리지 않는 이유를 파악하여 발주의 정밀도를 높여간다.

15. 상품 입고

점포에서 발주하는 상품이 본사 물류차를 통해서 점포에 입고되는 것. 각 상품군 별, 온도에 따른 상품군 별로 입고 시간과 입고 일자가 다르다.

- 매일 발주/매일 입고(유통기한 짧은 상품: 푸드, 유제품, 음료, 빵)
- 격일 발주: 격일 배송 상품, 일요일 배송 없는 상품,

  일요일 발주 중지 상품

16. GP(%): Gross Profit(%)

점포 이익률(상품의 마진율), 즉 본사에서 공급하는 상품 단가에서 판매가를 나눈 퍼센티지. 통상 담배 매출 구성비가 40%일 경우 전체 GP는 30%대이다.

17. 선입선출

먼저 들어온 상품이 먼저 판매될 수 있도록 진열하는 방법(하지만 고객들은 유통기한이 긴 상품을 구매하려고 한다.)

18. SKU(Store Keeping Unit)

상품의 가짓수

19. 객단가

고객 1인의 평균 구매금액(고객 수/매출액)

20. 오픈케이스(Open Case)

Door가 없는 냉장고(Food, 유음료, 냉장제품 진열장비). 상온 5~10도 유지

21. 옴니채널(Omni-Channel)

Omni는 '모든'이라는 뜻으로 기존 온 · 오프라인 유통 채널에 IT · 모바일 기술을 융합한 유통전략

22. 쇼루밍족(Showrooming)

매장에서 제품을 살펴본 뒤 실제구매는 온라인 등의 경로를 통해 최저가로 구매하는 알뜰쇼핑족

23. 역쇼루밍족(Reverse showrooming)

온라인에서 제품에 관한 정보를 파악하고 오프라인을 통해 제품을 구매하는 쇼핑족

꿈은 이루어진다

출판사와 책 이야기를 할 때만 해도 자신감이 넘쳤다.

막연한 자신감과 겸손하지 못한 자세….

268

한국에 편의점이 들어온 후 초창기 멤버로 기초를 세우는 동시에 배워나가야 했다. 당시의 시각에서는 새로운 진열과 세련된 인테리어, 선진 유통분석 기법을 습득하면서 장사하는 방법을 배우고 단품 관리 등을 익혀나갔다. 돌이켜보면 수많은 시행착오를 겪고 고난에 처하기도 했다. 아쉬운 점이 많지만 지금의 내가 있을 수 있는 밑거름이 되었다.

자신감은 어디에서 왔는지 알 수 없지만, 내가 배운 것을 세상에 알리면 좋겠다는 결심을 하게 되었다. 그러나 실제 가편집된 원고를 받고 나서는 '해냈다.'는 자신감보다 부끄러움이 컸다. '왜 했을까?' 하는 두려움이 엄습해왔다. 현재 점포를 운영하시는 분들, 편의점 본사에 근무하시는 분들, 편의점에 납품하시는 사장님들, 그분들에게 나의 경험이 도움이 될까? 그분들도 다 아는 이야기일 텐데, 아니 나보다 더 많이 알고 계실 텐데…, 하는 생각이 앞섰다.

얼마 전 글을 쓰고 있는 고등학교 동창과 술자리를 했다. 두려움을 말하고, 위로받고 싶은 마음에서였다. 하지만 친구는 미소를 보이며,

"준환아! 네가 30년 가까이 몸을 담았고, 현재도 몸을 담고 있는 곳에 대한 이야기야."

"……?"

"너의 이야기야…. 다른 사람 신경 쓰지 말고 네가 하고 싶은 이야기를 하면 돼."

"……?"

"글을 쓰면서 잘 써야 한다는 강박을 가지지 마. 미사여구를 쓸 필요 없어. 진솔하게 쓰면 되는 거야."

1990년대 초, 일본 편의점 업계에서 오랜 실무 경험을 쌓고 연구개발에 매진한 뒤 한국으로 건너온 한 전문가는 이렇게 말했다.

"향후 10년 안에 한국에 있는 구멍가게는 다 없어질 것이다. 편의점으로 바뀔 것이다."

당시 그 말을 믿는 사람은 없었다. 나 또한 마찬가지였다. 하지만 어떤가. 많던 구멍가게는 편의점으로 자리를 잡고 있다.

아버지 산소가 음성에 있었다. 산소 가는 길목에 조그만 구멍가게가 있었다. 오랫동안 장사하던 그곳은 갈 때마다 고향의 추억을 떠올리게 하는 정겨운 곳이었다.

작년 말에 가니 구멍가게가 편의점으로 바뀌어 있었다.

시골에서도 더 들어가는 외진 곳에도 편의점이 들어온 것이다.

그곳에 편의점 개점을 추진한 직원을 칭찬하고 싶었다. 이제는 편의점의 손길이 미치는 않은 곳이 없다. 작년에는 백화점 매출도 뛰어넘었다고 한다. 우리의 커다란 냉장고가 친숙한 동네의 구멍가게로 거듭난 것이다. 편의점으로 생활을 꾸리고, 월급을 받으며, 납품하는 종사자들의 숫자는 헤아리기 힘들다. 각자 다른 관점으로 지금 이 시각에도 열심히 하고 계실 것이다.

이 책이 그분들께 조금이라도 도움이 되기를 바라는 마음으로 용기를 내었다.

글을 마무리하면서, 멀리 떨어져 공부하고 있는 아들 시호의 지속적인 응원과 불편한 내색 없이 밤새 여러 번 읽고 조언해준 아내, 회사 직원들(조용준 상무, 봉미영 차장)에게 감사의 마음을 전한다. 또한 2004년 세븐일레븐 점운영편람부터 인연이 되어 2008년 롯데브랑제리 운영편람까지 항상 성심성의껏 도와주시는 마지원 노소영 대표께도 감사의 말씀을 전한다.

'장사의 기본'은 과거나 지금이나 다를 것이 없다는 생각이다. 환경과 시스템이 바뀌었어도 사람이 한다. 우리가 어떻게 장사하고 생각하느냐에 따라 매출은 분명히 달라진다.

편의점에 도전하는 모든 분께 진심어린 응원을 전한다.

"반드시 꿈은 이루어질 것입니다!"

끝까지 글을 읽어 주신 분들께 다시 한 번 감사의 말씀을 드립니다.

271

"Best Partner of Your Company"

J TOP COMPANY

2021
BI (J TOP DESSERT)
Twaian 수출
롯데제과 계약

2020
가나슈 마카롱 백만개 판매돌파
미니언즈, Ligo,설빙 콜라보상품출시

2019
오븐에 구운 도넛 번들 판매(5입)
모찌떡 및 안주 출시
롯데푸드 도시락 디저트 납품

2018
달달꿀떡 7-Eleven Korea HIT 상품선정
군고구마 2종 입점
롯게슈퍼 거래개시

2017
오븐에 구운 도넛 최초 CVS런칭
초코 에그킹 TOY과자 런칭
쿠팡,티몬,위메프 거래개시

2016
5월 ㈜제이탑컴퍼니 회사명변경
파우치 음료 첫 런칭
수능,크리스마스Cake 행사

2015
7월 태웅 C&C 창립
Seven Eleven Korea 거래개시
Mini Stop Korea 거래개시
하루홍삼 CVS 최초 런칭
수제초코파이 런칭

J TOP DESSERT

Job

Joy
Jump
Justice

TOP

Partners

J TOP

Customer

- Dessert, Bakery
- Cake, Ricecake
- Snack,Beverage
- Health Food
- Agricultural products

- Law Compliance
- Respect for customers
- Shared growth
- Empowerment

CUSTOMERS

빵
슈
초코파이
파운드
도넛
머핀

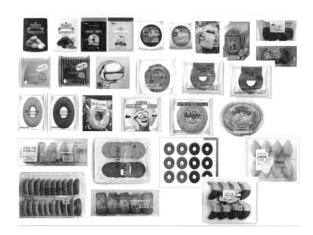

쿠앤크
티라미스 케이크
모찌롤
(플레인, 초코, 딸기)
가나슈마카롱
스위트
레인보우마카롱
크레이프조각케익
크로와상와플

더치커피
블루라군
레드크러쉬
깔라만시

달달꿀떡 / 불떡 / 달달쑥떡 / 모찌(바나나, 요거트, 자색고구마) / 설빙인절미 / 흑당꿀떡떡

 에그킹 / 냠냠초코 / 미니전자총 / 김롤이(와사비, 새우) / 베이커리 / 떡

 수능떡 / 수능마카롱베이커리

 크레이프 / 북해도베이커리 / 떡

NEWS